AF451409

FRANTZ BEAUVALLET

LE PORTIER

DU N° 15

DRAME EN CINQ ACTES

PRÉFACE

PAR

LÉON BEAUVALLET

PARIS

TRESSE, LIBRAIRE-ÉDITEUR

GALERIE DE CHARTRES, 10 ET 11

AU PALAIS-ROYAL

MDCCCLXXIII

LE
PORTIER DU N° 15

DRAME EN CINQ ACTES

Représenté pour la première fois, à Paris, sur le théâtre de
L'Ambigu-Comique, le 30 mars 1872.

CLICHY. — Impr. PAUL DUPONT et Cie, rue du Bac-d'Asnières, 12.

FRANTZ BEAUVALLET

LE
PORTIER DU Nº 15

DRAME EN CINQ ACTES

REPRÉSENTÉ POUR LA PREMIÈRE FOIS A PARIS, SUR LE THÉATRE
DE L'AMBIGU-COMIQUE, LE 30 MARS 1872.

PRÉFACE

PAR

LÉON BEAUVALLET

PARIS

TRESSE, LIBRAIRE-ÉDITEUR

GALERIE DE CHARTRES, 10 ET 11
AU PALAIS-ROYAL

A M. Frédérick Lemaitre

A *L'AUTEUR DU SUCCÈS*

L'AUTEUR DE LA PIÈCE

FRANTZ BEAUVALLET

PRÉFACE

En ce temps-là, M. Ch. Billon était le dieu de l'Ambigu-Comique et M. Hipp. Hostein était son prophète.

C'est vous dire que tout allait comme sur des roulettes.

L'article 47 faisait florès et Mlle Rousseil, après sa magnifique création de Cora, allait créer le rôle de Théonice dans *les Sept frères Machabées*, en compagnie de M. Mounet-Sully, lequel devait jouer Antiochus.

La lecture des *Machabées* avait été faite aux artistes, et le succès avait été très-grand ; les peintres étaient à l'œuvre, les maquettes acceptées, les costumes commandés, les étoffes achetées.

On répétait déjà et la pièce devait passer dans les premiers jours de mars.

Mais les directeurs proposent et la commission des auteurs dramatiques dispose !

Le Vatican de la rue Saint-Marc lança sur le théâtre de l'Ambigu les foudres de l'interdiction.

Nous vous dirons pourquoi quelque autre jour et vous ferons connaître tout au long cette grave histoire.

Toujours est-il que tous les dramaturges faisant partie de la société des auteurs, c'est-à-dire ayant apposé leur signature au bas de l'acte social, durent de par la loi s'opposer à la représentation de leurs œuvres, anciennes ou nouvelles, sur la scène de l'Ambigu-Comique.

Celui qui écrit cette préface, faisant partie de la susdite société et étant l'un des auteurs des *Machabées*, les répétitions de cette pièce furent forcément interrompues.

Le théâtre allait fermer !

Le directeur se rappela alors que *les Paysans lorrains* et *le Forgeron de Châteaudun* avaient obtenu un très-grand succès pendant le siège de Paris, et que ces deux drames étaient de M. Frantz Beauvallet, lequel n'était pas encore membre de la société des auteurs dramatiques.

On reprit *les Paysans lorrains*. — La pièce, remise en scène en quelques jours, fit des recettes honorables.

Mais Dumaine n'était plus là !

Dumaine, excellent dans François Guérinot ; si franchement comique, si bon enfant, si paysan dans les deux premiers actes, si terrible et si désespéré dans les trois derniers !

Tout le monde se rappelle sa grande scène d'ivresse de l'acte des Vendanges. C'était de la vraie comédie.

Dica Petit, elle aussi, avait fui l'Ambigu. Et elle avait créé d'une façon remarquable le rôle de la belle fermière. Femme adultère, chassée du logis conjugal, errant par les chemins, vagabonde et maudite, que de larmes n'a-t-elle pas fait verser !

Et cependant, à cette heure funèbre du siége de Paris, alors que chaque jour nous apportait la nouvelle de quelque grand désastre, les larmes devenaient rares : on avait tant pleuré !

A la reprise des *Paysans lorrains*, un nom manquait aussi sur l'affiche, celui de Mᵐᵉ Eugénie Saint-Marc, qui avait su faire du rôle de la mère Brichet, la vieille avare, un type étonnant de vérité.

Dumaine, qui ne se contente pas d'être un comédien hors ligne et qui est encore un professeur émérite, avait donné à Mᵐᵉ Saint-Marc d'excellents conseils !

Et comme elle avait su en profiter !

Allart, l'un des meilleurs comiques du boulevard, était l'éclat de rire de ce drame !...

De tous ces artistes, nul ne restait.

Quoi qu'il en fût, grâce au zèle des nouveaux interprètes et malgré le peu de répétitions qui leur furent données, la reprise des *Paysans lorrains* sauva le directeur de l'Ambigu.

Malheureusement, le trop volage *impresario* se prit d'un bel amour pour le *Drame de Gondo*.

Le public se fâcha tout rouge et la presse tout entière déclara la guerre à l'entrepreneur imprudent.

Voilà donc l'Ambigu en train de rendre l'âme une seconde fois.

Une seconde fois, le directeur vient trouver l'auteur des *Paysans lorrains* :

« — Frédérick Lemaitre est tout disposé à jouer à l'Ambigu, lui dit-il, pouvez-vous lui faire un rôle... un bon rôle dans le genre du père Séraphin du *Crime de Faverne ?* »

Deux jours après, on lisait à Frédérick Lemaitre le scenario du *Portier du n° 15.*

« — C'est fort attendrissant! dit le grand comédien après la scène du déménagement, je jouerai le rôle. »

Le lendemain, il signait son traité.

Le surlendemain, il répétait le premier acte.

Quinze jours plus tard, avait lieu la première représentation.

Malgré la situation fâcheuse du théâtre, malgré l'animosité que professait tout le monde à l'endroit du directeur, malgré le désir très-réel de voir tomber la pièce nouvelle, le succès fut complet et le théâtre de l'Ambigu ressuscita encore !

Frédérick, il faut s'empresser de le dire, fit du père Feuillantin l'une de ses plus belles créations.

De l'avis de tous, après son vieux notaire du *Crime de Faverne,* c'est le meilleur rôle qu'il ait créé depuis vingt ans.

Quelques critiques grincheux jetèrent feux et flammes parce que le grand comédien avait osé troquer le pourpoint de Gennaro contre le tablier bleu d'un pipelet, et substituer un balai de bouleau à l'épée de.Ruy-Blas !

Pure plaisanterie !

La serpilière du brave homme Feuillantin n'est pas plus déshonorante que les loques sordides du chiffonnier et que les haillons sanglants de Robert-Macaire !

Quoi qu'il en soit, la presse tout entière a rendu justice à l'éminent artiste.

« C'en est fait, dit Jules Janin, il est chassé de céans par un coquin de loup-cervier qui ne veut pas loger sous le même toit gardé par cet honnête homme, et maintenant il faut partir !

« Nous irons où le vent nous pousse, et nous entassons sur un misérable chariot nos meubles de chaque jour !

« Ah! que ce brave homme est à plaindre et comme on voudrait lui rendre, au bénéfice de tous les gens de cette maison, la sécurité qu'il a perdue!...

« Ainsi, pendant tout un acte, il vous tient attentif à sa propre misère.

« On se dit bien parfois: C'est impossible! il n'y a pas de misère semblable à cette misère. Il faut y croire parce qu'il veut qu'on y croie. »

M. E. Abraham trouve Frédérick Lemaitre admirable dans cette nouvelle création :

« Il a provoqué des applaudissements enthousiastes, dit le feuilletonniste du *Petit Journal ;* au troisième acte, la salle croulait sous les bravos.....

« Le bel acte! Impossible de ne pas s'émouvoir en voyant ce vieillard si noble de prestance et de visage. Avec quelle amertume et quelle philosophie il jette dans une petite voiture à bras son misérable mobilier, restant de sa splendeur, et le coffret renfermant ses parchemins et ses décorations !

« Puis il jette un dernier regard sur les fenêtres de l'appartement de Valéria, où se trouve maintenant sa chère Suzanne, et, suivant la charrette qui emporte toute sa défroque : « Le convoi du pauvre! » murmure-t-il avec un accent qui va à l'âme!..... »

Dans le *Courrier de Paris*, M. Jules Guillemot ne marchande pas non plus les éloges au père Feuillantin :

« Un portier comme on en voit peu, dit-il, c'est celui du n° 15. Ce vieux brave homme aime le bruit, la jeunesse. Les locataires qu'il préfère sont ceux qui ont des chiens, des chats ou des enfants !.....

« Au moment où le propriétaire vient de lui signifier son congé, tous ceux qui l'aiment accourent (car c'est le jour de sa fête !...), bouquets et cadeaux en mains, et lui donnent des marques de sympathie.

« L'émotion suffoque le vieux concierge, et il est difficile au spectateur de ne pas la partager. Enfin l'artiste est véritablement admirable de sentiment simple et profond dans la scène suivante, où, déjà privé de sa petite fille, il opère, pièce à pièce, le douloureux déménagement qui l'éloigne d'elle. »

Notre bien cher ami, Théodore de Banville, a écrit, lui aussi, sur Frédérick, quelques belles et bonnes choses :

« On sent que Suzanne est sauvée, uniquement parce que Frédérick a parlé et parce qu'il dit : « Me voici !... »

« C'était du reste une très-belle idée que celle de montrer ce vieux comédien dans la gloire auguste de l'aïeul, protégeant et choyant sa fillette, très-jolie, très-touchante, très-sympathique sous les traits de Mlle Beaujard, et il n'était pas douteux que ce groupe ne fît penser, comme l'auteur l'a voulu, au vieux Fabrice de la *Légende des Siècles* et à sa petite Isora !... »

Frédérick devait créer le rôle du *Centenaire*, que Lafont vient de jouer avec un très-grand succès et un très-grand talent.

Mais les auteurs trouvèrent sans doute que le rôle de Fauvel, joué par Frédérick, rappellerait forcément *le Portier du n° 15*.

En effet, dans les deux pièces, tout l'intérêt consiste dans l'amour effréné de l'aïeul pour sa petite fille. Il n'y a que cela d'empoignant, de vivant et d'attendrissant.

Tout le reste n'est que hors d'œuvre.

Quant aux détails, sans le vouloir, les auteurs du *Centenaire* se sont forcément rencontrés avec l'auteur du *Portier du n° 15*.

Les petits enfants du 1ᵉʳ acte, sur les genoux du vieillard...

Les bouquets que chacun lui apporte...

« Quelle émotion douce et réelle, lorsque le vieillard est entouré de jeunes filles qui, riantes, lui viennent souhaiter sa fête : la saint Pierre !

« Il pleure, il sourit, il remercie !

« On dirait un de ces beaux vieux en cheveux blancs, de Greuze, succombant sous le poids du bonheur ! »

En lisant ces lignes de M. Jules Claretie sur *le Portier du nᵒ 15*, ne croit-on pas lire le compte rendu du 1ᵉʳ acte du *Centenaire ?*

Ceci, bien entendu, sans vouloir en rien reprocher à MM. Dennery et Plouvier ces similitudes involontaires.

Le Portier du nᵒ 15 eût pu s'appeler *l'Aïeul*, exactement comme *le Centenaire*, qui pourrait parfaitement ne pas être plus âgé que le père Feuillantin.

En effet, comme l'unique occupation de ces deux braves cœurs est d'adorer leur petite fille, qu'ils aient cent ans ou soixante ans, c'est exactement la même chose !

LÉON BEAUVALLET.

Janvier 1873.

PERSONNAGES.

LE PÈRE FEUILLANTIN, portier du n° 15.	MM.	FRÉDÉRICK-LEMAITRE.
LE COMTE DE MONTCORBEL.............		PAUL CLÈVES.
MONSIEUR LEJARS, agent d'affaires......		MANGIN.
CHARANÇON, propriétaire................		FÉLIX VOLLET.
PIERRE DIDIER, élève du Conservatoire..		FLEURY-GOEURY.
SOURISSET, groom de M. de Montcorbel..		MONTBARS.
MAITRE CLÉMENT, notaire..............		HENRI ROZE.
LE PÈRE GERMAIN, commissionnaire.....		SÉVIN.
SOSTHÈNE, cocher.....................		SEIGLET.
COTIGNAC, ami de Montcorbel.......,....		BRELET.
TRUFFARD, id.		THUILLY.
UN FACTEUR........................;		PAUL ALBERT.
VALÉRIA, maîtresse de Montcorbel (35 ans.)	Mmes	RAUCOURT.
SUZANNE, petite fille de Feuillantin (16 ans.)		ÉLISE BEAUJARD.
ROSE POMPON, grisette................		RÉNÉE d'ABZAC.
FLORA, femme de chambre de Valéria...		MARIE LEROUX.
CORINNE, ouvrière....................		ERDELINE.
MADAME CORNEVAL, cocotte............		VALENTINE AUBLANC.
ERLISKA, ouvrière....,..............		CLARA.
FRANÇOISE, bonne d'enfants............		MASSON.
UNE BOUQUETIÈRE....................		EBY.
UN PETIT GARÇON....................		BERTHE.
UNE PETITE FILLE...		FONTAINE.

L'action se passe à Paris, de nos jours.

S'adresser pour la musique, à M. Léon Fossey, chef d'orchestre,
et pour la mise en scène, à M. Sévin, régisseur au théâtre de
l'Ambigu-Comique.

LE
PORTIER. DU N° 15

ACTE PREMIER

La cour de la maison du n° 15. A droite du spectateur, la loge du concierge encadrée de feuillages, auprès de la loge, l'escalier de service. A gauche, perron, conduisant au grand escalier, vestibule, etc. Au fond, la porte cochère. A droite, à quelques pas de la loge, une fontaine au pied d'un arbre. Cette fontaine est surmontée d'une statue de l'Amour. Lierre, feuillage partout. C'est une vieille maison de la place Royale.

SCÈNE PREMIÈRE

ROSE POMPON, ERLISKA. CORINNE, Autres Ouvrières.

Elles sont groupées autour de la fontaine. Erliska mange des cerises, Corinne effeuille une paquerette, Rose Pompon, debout, chante une chanson.

ERLISKA et les autres applaudissant.

Bravo! Rose Pompon, bravo!

ROSE POMPON.

Deuxième couplet !...

Air *nouveau de M. Fossey.*

Il est dans un coin de Paris,
Une maison pimpante,

Où, parmi les pampres fleuris,
L'enfance rit et chante !
Le roi de ces Etats charmants,
Est un portier modèle !...
Après celui-là, mes enfants,
L'on peut tirer l'échelle !...

Il aime les chiens, les chats,
   Les chiens et les chats
   Dont sa cour abonde...
   Il aime les gais ébats !...
   Les joyeux ébats,
   De l'enfance blonde !...
   Et voilà du quartier,   } *bis.*
   Voilà le meilleur portier !   }

SUZANNE, sortant de la loge.

Eh bien, mesdemoiselles, j'espère que vous chantez !... Les oiseaux cachés dans le lierre se taisent pour vous écouter !

ERLISKA.

Nous chantons les vertus de M Feuillantin !...

ROSE POMPON.

Les vertus de ton grand père, Suzanne ! C'est M. Gilbert, le peintre du cinquième qui a composé cette chanson-là...... Ecoute le dernier couplet !...

   Ici, ce gueux de Cupidon
   Doit avoir bien à faire ;
   L'amour est en cette maison,
   Principal locataire !...
   L'on est libre du haut en bas.
   On aime à chaque étage !...
   Du vieux portier, l'on ne craint pas
   Le méchant bavardage

   Il aime les chiens, les chats,
      Etc.

SUZANNE.

C'est charmant ! grand-père serait bien content s'il entendait cela:.. Mais si madame Claude, votre patronne, vous voyait ainsi dans la cour !

ROSE POMPON.

Eh bien! après? M. Feuillantin, le portier, aime que ses locataires rient et chantent! Nous rions et nous chantons.

ERLISKA.

Ah! voilà le facteur!... (Un facteur entre dans la cour.)

SCÈNE II

Les Mêmes, LE FACTEUR.

LE FACTEUR.

Mam'zelle Suzanne, salut bien...

SUZANNE.

Bonjour, monsieur Balançoi!...

LE FACTEUR, donnant lettres et journaux.

Monsieur Cornillard, rentier,... Madame Cornillard.

ERLISKA, riant.

Ah! ah! madame Cornillard, jeune, jolie, autant que son mari est vieux et laid!... Si on se trompait pourtant et si on donnait à monsieur Cornillard la lettre adressée à sa femme!...

LE FACTEUR, riant

Eh! eh! ça se voit quelquefois... (Donnant les journaux.) Monsieur Ventillac, le *Constitutionnel!*... Monsieur Mathias, le *Rappel!*... (Riant.) Si on se trompait, hein... Si on donnait le *Constitutionnel* à l'abonné du *Rappel*, et le *Rappel* à l'endormi du *Constitutionnel*.

ROSE POMPON.

C'est effrayant de penser que dans la boîte d'un facteur grouillent et se mêlent tant d'éléments divers!... La lettre de l'amant, près de la lettre du mari... la lettre du créancier avec celle de son débiteur... Ça ne vous donne pas quelquefois le frisson à vous, monsieur Balançoi?

LE FACTEUR.

A moi, ça m'est bien égal! on me dit de porter tout ça, je le porte!

ERLISKA.

Vous n'avez rien pour moi, monsieur le facteur?

LE FACTEUR.

Quel nom ?

ERLISKA.

Erliska Gripouillard...

LE FACTEUR.

Gripouillard... non je n'ai pas de Gripouillard !

SUZANNE.

Est-ce que vous en attendez une ?

ERLISKA.

Hélas non ! seulement je donnerais je ne sais quoi pour qu'on m'écrive une lettre et qu'on me l'envoie par la poste.

LE FACTEUR.

Ah ! en voilà encore une, c'est peut-être pour vous .... (Lisant l'adresse d'une nouvelle lettre.) Ah ! non ! M. Lejars, agent d'affaires !... Il habite toujours ici, M. Lejars ?...

SUZANNE.

Oui ! donnez ! (Prenant la lettre.)

LE FACTEUR.

Sur ce, bonjour tout le monde, bien des choses à M. Feuillantin... Il va bien M. Feuillantin ?

SUZANNE.

Papa, oui ! Il balaie les escaliers.

LE FACTEUR.

Allons, bonjour ! bonjour ! (Il sort vivement.)

SCÈNE III

LES MÊMES, moins LE FACTEUR.

ROSE POMPON.

Dis donc, Suzanne, est-ce que M. Lejars te fait toujours à cour ?

SUZANNE.

A moi, est-ce que tu plaisantes !... D'abord il ne me l'a jamais faite.

ERLISKA.

Oh ! si, par exemple !... à preuve que moi j'étais à la fenêtre de l'atelier en train de croquer une pomme...

ROSE POMPON.

Naturellement !... Elle croque toujours quelque chose.

ERLISKA.

Et j'ai parfaitement entendu M. Feuillantin qui déclarait à
M. Lejars que s'il le reprenait à papillonner autour de toi, il
calmerait son ardeur à grands coups de balai !...

SUZANNE.

Oui, papa grand l'a prévenu et il ne vient plus m'ennuyer
avec ses airs langoureux.

ROSE POMPON.

Du reste, il n'est guère attrayant, monsieur Lejars, et l'on
dit sur lui des choses ..

TOUTES.

Quoi donc ?

ROSE POMPON.

On dit qu'il maltraitait sa femme. . et entre nous, elle est
morte d'une singulière façon !...

CORINNE.

C'est égal, s'il est amoureux, il est à plaindre.

ERLISKA.

Voilà encore Corinne avec sa poésie !

CORINNE.

Eh bien ! oui, je suis poétique ! j'aime les fleurs, j'aime
les papillons, ces autres fleurs de l'air ; du reste, dans une
maison comme celle-ci, est-ce qu'il est permis de ne pas être
poétique ?

SUZANNE.

C'est vrai, avec ces vieilles murailles tapissées de verdure.

ERLISKA.

Et ces vieilles verdures tapissées de moineaux.

ROSE POMPON.

Et ces vieux logements tapissés d'amoureux.

CORINNE.

Au reste, mesdemoiselles, cette statue qui orne la fontaine,
c'est Cupidon en personne !

ROSE POMPON.

On en aura fait de ces serments aux pieds de ce monsieur-là. Pauvre petite statue, si tu répétais tout ce que tu entends, quel remue-ménage tu ferais dans la maison.

CORINNE.

Et toi, Suzanne, n'es-tu jamais venue soupirer devant cette fontaine?

SUZANNE, souriant.

Moi! jamais!...

ROSE POMPON.

Menteuse!... et M. Pierre Didier, le locataire du quatrième, celui qui a loué le petit appartement de garçon! M. Didier, l'acteur!

SUZANNE.

Parce que vous l'avez vu quelquefois aimable envers moi... vous allez croire!...

ROSE POMPON.

Ne te défends pas de cela; c'est charmant d'être aimé d'un acteur! Être la femme d'un acteur! voilà mon ambition!... Avoir un mari qui soit marquis ou chevalier tous les soirs, c'est magnifique!... Prends garde, si tu n'aimes pas M. Didier, je vais l'aimer, moi... (Didier a paru au fond. Rose Pompon l'a aperçu et lui fait signe de s'approcher.)

DIDIER, qui est venu doucement à Suzanne.

Mademoiselle Suzanne, vous n'avez rien pour moi?...

SCÈNE IV

Les Mêmes, DIDIER.

SUZANNE, se retournant avec un cri.

Ah! monsieur Didier!...

CORINNE, battant des mains.

Tu as poussé un cri, en le voyant!... Tu l'aimes!

SUZANNE, très-troublée.

Monsieur Didier, ne la croyez pas! J'ai poussé un cri, parce que j'ai eu peur.

DIDIER, souriant.

Sans doute. mademoiselle Suzanne a eu peur, voilà tout! (Changeant de ton.) Vous n'avez rien pour moi?

ROSE POMPON, riant.

Mais si, elle a quelque chose pour vous; ça n'est pas difficile à voir !

SUZANNE.

Tais-toi, Rose, tu es folle!... Non, monsieur Didier, le facteur ne m'a rien remis!... (Elle entre dans la loge.)

ERLISKA, amenant Didier à l'avant-scène.

Mais, voyons, monsieur Didier, et le théâtre?

DIDIER.

Eh bien! mesdemoiselles, j'ai à vous annoncer que je viens de remporter un prix au Conservatoire et que je vais débuter...

CORINNE.

Où ça?

DIDIER.

Au Théâtre-Français.

CORINNE.

Oh! j'aime ce théâtre-là! Les pièces en vers, c'est ma passion! J'aime ce qui berce, ce qui assoupit!

ERLISKA.

Moi, je n'aime que les Folies-Dramatiques. Pourquoi ne vous êtes-vous pas engagé aux Folies-Dramatiques, pour jouer Valentin dans le *Petit Faust?* Vous ne jouez pas ces rôles-là, vous?...

ROSE POMPON.

Eh bien! moi, j'aime mieux l'Ambigu! Oh! les drames! Moi, je ne m'amuse un peu que quand je pleure beaucoup !

DIDIER.

Alors, vous viendrez me voir jouer?

ROSE POMPON.

Tous les soirs! .. avec Suzanne!

SUZANNE, rentrant.

Avec moi!

ROSE POMPON.

Mais, oui, puisque vous serez mariés.

DIDIER.

Comment! mariés? Mais mademoiselle Suzanne ne m'aime pas!...

SUZANNE.

Rose, je t'en prie...

ROSE POMPON, les réunissant et se trouvant au milieu d'eux.

Mais si, elle vous aime; et vous, vous l'adorez! La preuve, c'est qu'en ce moment-ci j'entends battre vos deux cœurs!...

TOUTES.

Oui! oui!

SUZANNE, très-émue.

Rose, je t'en supplie, tais-toi! tais-toi!

LA VOIX DE FEUILLANTIN.

Suzanne!...

SUZANNE, s'éloignant de Didier.

Ah! grand-père!

FEUILLANTIN, paraissant sur le perron de gauche, en costume de portier, plumeau sous le bras. Il est armé de son balai.

As-tu donné le mou au chat, ma chérie?...

SCÈNE V

LES MÊMES, FEUILLANTIN.

SUZANNE, troublée.

Oui, oui, grand-père.

ROSE POMPON.

Nous le regardions manger, ce bon gros chat!

DIDIER.

En effet, monsieur Feuillantin... nous...

FEUILLANTIN, en scène.

Mais je ne le vois pas... Où donc est-il?

CORINNE.

Oui... au fait, où est-il passé?

ROSE POMPON, cherchant avec les autres.

Il était là tout à l'heure!...

DIDIER, courant vers l'escalier de service.

Ah! le voilà! le voilà! (Il revient portant dans ses bras un gros chat qu'il est allé prendre à droite.)

FEUILLANTIN.

· Tenez-moi mon balai, monsieur Didier, et donnez-moi mon chat! (Il donne son balai à Didier qui lui donne le chat, l'examinant.) Ce chat-là n'a pas mangé le moindre mou!... car, s'il avait mangé, il se pourlècherait encore les babines. (Au chat.) L'as-tu mangé? (Le chat miaule.) Voyez-vous, il dit non... Que faisais-tu, Suzanne, au lieu de songer au chat de ton grand-père? (Il regarde Didier qui détourne la tête, Suzanne qui rougit, les fillettes qui se détournent en fredonnant; puis, regardant la statue de la fontaine, à mi-voix.) O Amour! petit scélérat!... (Posant le chat à terre.) Va-t'en chercher un rat pour ton déjeuner, mon vieil ami. (Le chat disparaît. Changeant de ton.) C'est égal, délaisser ainsi mon chat et roucouler dans la cour... tandis que moi je balaie les escaliers!...

ROSE POMPON.

Monsieur Feuillantin, ne grondez pas Suzanne! Eh bien! oui... elle causait avec M. Didier!... Est-ce sa faute, si elle aime M. Didier!

SUZANNE, vivement, à droite.

Grand-père, ne la crois pas... elle ne sait pas ce qu'elle dit!...

DIDIER, prenant son parti.

Eh bien! monsieur Feuillantin, je préfère que tout se dévoile... je préfère que vous connaissiez ce secret qu'il nous pesait de vous cacher!

FEUILLANTIN, à mi-voix.

Les malins!... voilà deux mois que je le sais, leur secret!... (Haut.) Après tout, l'amour est la plus douce des choses. La jeunesse a besoin de l'amour, comme cette vieille maison a besoin de soleil. (A un charbonnier qui entre à ce moment, se dirigeant vers le perron de gauche.) Eh! là bas, prenez donc l'escalier de service et essuyez vos pieds, hein! je viens de balayer. (Le charbonnier change de direction et disparaît par la droite.)

ROSE POMPON.

Tu vois, bêtasse, combien tu avais tort de cacher cet amour.

SUZANNE.

Est-ce vrai, que ça ne te fâche pas?

FEUILLANTIN, lui prenant la main.

L'amour loyal, honnête et pur comme le vôtre ne peut fâcher un homme qui aime tout ce qui est bon et vertueux.

CORINNE, à Erliska, assise à gauche.

Comme il parle bien!

FEUILLANTIN, se retournant.

Qu'est-ce que vous dites, vous, là-bas? Ça vous étonne qu'un portier parle un peu correctement? Faut-il donc absolument dire, pour être concierge, un collidor, un chat angola? Je parle très-bien et je suis un portier tout de même.

DIDIER.

Monsieur Feuillantin, depuis que j'habite cette maison, que je vous vois, que je vous connais, je me suis pris pour vous d'une sympathie profonde, et je n'ai pu m'empêcher d'aimer celui qui est parvenu à faire du cerbère farouche un type de bonté, de probité, et qui vous en impose, quelquefois, par ses idées élevées.

FEUILLANTIN.

Voulez-vous bien vous taire; des idées élevées, moi! je vous demande un peu. Je suis un brave homme, et voilà tout; je me suis fait portier parce que je n'ai pas pu faire autre chose. J'aurais été porteur de pain, facteur, chiffonnier... ou... grand seigneur même, que j'eusse toujours été un brave homme, parce que le Ciel m'a créé ainsi...

ROSE POMPON.

Le fait est que comme bon cœur...

FEUILLANTIN.

M. Didier, vous voudriez devenir le mari de Suzanne?

DIDIER.

Si toutefois vous ne craignez pas de confier le sort de votre enfant à un homme de théâtre, à un comédien!

FEUILLANTIN.

Ah, ça! vous êtes fou! voyez-vous ce père pipelet, qui rougirait de... seulement il faut me promettre une chose tous les deux : c'est d'habiter près de moi; car, voyez-vous, s'il me fallait jamais me séparer de Suzanne!.. Depuis sa septième année, je la soigne... je la bichonne... c'est ma poupée, mon plus grand plaisir est de parer sa chambrette des plus jolis meubles, comme des fleurs les plus fraiches. Dans cette loge, j'ai trouvé moyen de fabriquer une petite bonbonnière, un

nid moelleux et parfumé ou repose ma fauvette chérie!..
vous habiterez toujours près de moi, n'est-ce pas ?

SUZANNE.

Ah ! oui, grand-père !

DIDIER.

Nous vous le jurons. (Cris d'enfants dans la coulisse de droite.)

ROSE POMPON.

Qu'est-ce que cela ?

FEUILLANTIN.

Ce sont les enfants du 3e. (Paraît une grosse bonne avec quatre petits enfants.)

FEUILLANTIN va à eux.

Mademoiselle Françoise, amenez-moi bien vite ces chérubins-là...

SCÈNE VI

LES MÊMES, FRANÇOISE, LES ENFANTS.

FRANÇOISE.

Voilà monsieur Feuillantin.

FEUILLANTIN, assis sur le banc de gauche.

Bonjour, petits démons.

LES ENFANTS.

Bonjour, Feuillantin.

FEUILLANTIN.

M'embrassent-ils, hein ! Ah ! dame... c'est qu'ils l'aiment bien, leur vieux portier... c'est qu'il aime bien les enfants, le vieux portier du n° 15.

SUZANNE.

Et vous les menez Place-Royale, mademoiselle Françoise ?

FRANÇOISE.

Oui, nous allons sauter à la corde, danser en rond.

FEUILLANTIN.

Mais pourquoi ne vous amusez-vous pas dans la cour ?

L'ENFANT.

Parce qu'au square nous avons des petits amis ! Oh ! nous en avons au moins deux cents...

FEUILLANTIN.

Amenez-les...

UNE PETITE FILLE.

Dis donc, Feuillantin, j'ai faim.

FEUILLANTIN.

Tu as faim, ma chérie? Suzanne, va vite lui faire une tartine de confiture.

SUZANNE.

Tout de suite. (Elle entre dans la loge.)

LA PETITE FILLE.

Je vais avec toi. (Elle la suit.)

LE PETIT GARÇON.

Dis donc, Feuillantin, tu sais danser en rond, toi?

FEUILLANTIN.

Si je sais danser en rond! je ne sais que ça!

LE PETIT GARÇON.

Eh bien, dansons!

LA PETITE FILLE rentre avec une tartine et suivie de Suzanne.

Dis donc Feuillantin, qui c'est donc ce beau portrait qui est dans ta loge? (Mouvement de Feuillantin.) C'est y ta femme?

FEUILLANTIN, devenant sombre.

Non, c'est ma fille! c'est la mère de Suzanne!

LA PETITE FILLE.

Pourquoi n'est-elle jamais chez toi?

FEUILLANTIN.

Pourquoi! parce qu'elle ne peut pas venir!

LA PETITE FILLE.

Elle ne t'aime donc pas?

FEUILLANTIN, fiévreux.

Elle est morte! tais-toi, ma chérie, n'en parle pas.

SUZANNE, à Feuillantin.

Tu pleures.

LA PETITE FILLE.

Je t'ai fait de la peine, dis?

FEUILLANTIN, souriant.

Mais non, tu ne m'as pas fait de la peine! mais non, je ne

pleure pas, je suis très-gai, allons, formons le cercle, dansons en rond, dansons en rond. (Ils dansent en rond.)

> Sur le pont d'Avignon
> On y danse, on y danse,
> Sur le pont d'Avignon
> On y danse tout en rond.

(Ils reprennent en chœur. Charançon paraît vêtu à l'ancienne mode.)

FEUILLANTIN, s'arrêtant.

Le propriétaire !

SCÈNE VII

LES MÊMES, CHARANÇON.

CHARANÇON, surpris.

Que faites-vous donc monsieur Feuillantin?

FEUILLANTIN.

Vous le voyez, je dansais en rond avec mes locataires.

> Sur le pont d'Avignon
> On y danse, on y danse,

(On forme la ronde de nouveau, et Charançon, malgré lui, se trouve dans le milieu.)

CHARANÇON, essoufflé.

En voilà assez, occupons-nous un peu de nos affaires, monsieur Feuillantin.

FEUILLANTIN.

A l'instant, monsieur Charançon.

ROSE POMPON.

Nous remontons à l'atelier. (Elles s'élancent dans l'escalier de droite.)

FRANÇOISE, entraînant les enfants, par le fond.

Allons venez ! venez ! (Les enfants sortent et chantent.)

> Sur le pont d'Avignon.

SCÈNE VIII

FEUILLANTIN, CHARANÇON

FEUILLANTIN.

Quelle jolie maison, hein! croyez-vous que je lui ai donné une allure vivante.

CHARANÇON.

Et bruyante, j'en suis assourdi !

FEUILLANTIN.

Vous n'aimez pas les enfants, vous, monsieur Charançon ?

CHARANÇON.

Si... beaucoup : à l'école.

FEUILLANTIN.

Moi, je les adore. Que voulez-vous, la vieillesse est une seconde enfance !..

CHARANÇON.

Soit ; mais les termes du 8, ceux des petits locataires, les avez-vous touchés?

FEUILLANTIN, embarrassé.

Oui...

CHARANÇON.

Ah ! parfait.

FEUILLANTIN.

Sauf celui des Leclercq, vous savez, ces pauvres gens qui habitent sous les toits.

CHARANÇON.

Ça fait le troisième qu'ils doivent.

FEUILLANTIN.

Le père est paralysé, la mère est maladive...

CHARANÇON.

Et madame Claude, la couturière?

FEUILLANTIN.

Oh! madame Claude, elle a dit qu'elle payerait dans quelques jours : la couture va si mal à présent.

CHARANÇON.

Et les Ventillac, les parents de ces jolis bambins qui grouillaient là, tout à l'heure?

FEUILLANTIN, grave.

Ceux-là, c'est autre chose : je ne leur ai pas même présenté la quittance.

CHARANÇON.

Comment, vous ne leur avez pas...

FEUILLANTIN.

Ils sont si gênés ! quatre enfants, ça coûte cher, lorsqu'on tient à les bichonner : ils sont tous très-bien arrangés, ces chers marmots; avez-vous vu la petite Cécile comme elle est coquettement mise?

CHARANÇON.

Qu'ils les habillent moins bien et qu'ils me payent.

FEUILLANTIN.

Pouvez-vous bien dire cela; c'est si heureux les enfants quand c'est un peu paré !

CHARANÇON.

Je ne les ai pas priés de les faire. Enfin, je vois une chose, c'est que personne n'a payé.

FEUILLANTIN.

C'est vrai, personne.

CHARANÇON.

Franchement, c'est la première fois qu'on voit tenir ainsi une maison.

FEUILLANTIN.

Vous avez l'air de dire que je gère mal votre domaine!...

CHARANÇON.

Je ne dis pas ça; mais...

FEUILLANTIN, d'un ton de reproche.

Monsieur Charançon, la maison du numéro 15 est connue dans tout le quartier; chacun désire s'y fixer... Les locataires payent rarement, c'est vrai ; mais ils s'y plaisent beaucoup...

CHARANÇON.

Parbleu, à ce prix-là.

FEUILLANTIN.

Chacun chante vos louanges; chacun vous bénit.

CHARANÇON.

Qu'on me bénisse un peu moins et qu'on me paye un peu plus. (Changeant de ton.) Mais laissons ça. Vous avez vu la personne que M. Lejars a envoyée pour louer l'appartement du premier?

FEUILLANTIN.

Oui, M. de Montcorbel. Il a loué; il doit même emménager aujourd'hui, vu que l'appartement est vacant.

CHARANÇON.

Je sais cela. Il est venu chez moi terminer l'affaire.

FEUILLANTIN.

Ma foi, il ne me va pas beaucoup, ce beau monsieur, avec sa tête pâle, son œil terne... et puis, il est recommandé par M. Lejars; et dame! vous savez... M. Lejars...

CHARANÇON.

Il paye bien, il paye très-bien, et comme il m'a donné sur M. de Montcorbel les meilleurs renseignements, j'ai trouvé bon de...

FEUILLANTIN.

A-t-il des chiens, ce monsieur? a-t-il des chats?

CHARANÇON.

Non, Dieu merci!

FEUILLANTIN.

A-t-il au moins un enfant?

CHARANÇON.

Oh non!

FEUILLANTIN.

Et vous lui avez loué... Tant pis, monsieur Charançon. Je n'ai pas bonne opinion des gens qui n'aiment ni les marmots ni les bêtes; et je ne sais pas... mais j'ai dans l'idée que ce nouveau locataire amènera de vilaines choses dans cette maison si riante; mais M. Lejars l'a recommandé. (Soupir.) Enfin, j'ai fait remettre du papier neuf dans toutes les pièces de l'appartement.

CHARANÇON.

Comment, du papier neuf! mais l'ancien était très-bien.

FEUILLANTIN.

Oui, mais la couleur me déplaisait. Et puis, j'ai fait reposer le parquet du salon...

CHARANÇON.

Oh! mais c'est insupportable! Vous ne faites jamais payer les loyers et vous me flanquez toujours des frais sur le dos.

FEUILLANTIN.

C'est pour vous ce que j'en fais. C'est pour qu'on dise : « Voilà un propriétaire qui a bien soin de sa maison! » Et puis, quoi! pour les amis de M. Lejars il n'y a rien de trop bon. Montez avec moi, vous allez voir... l'appartement est ravissant. (Il va à la loge.)

CHARANÇON.

C'est un bien brave homme; mais c'est un bien mauvais portier.

FEUILLANTIN, revenant.

Voilà les clefs, montez-vous? (Appelant.) Suzanne! Suzanne! (Elle entre avec des fleurs par la porte cochère.)

SUZANNE.

Me voici, grand-père.

FEUILLANTIN.

D'où reviens-tu donc avec cette moisson de fleurs?

SUZANNE.

C'est M. Didier qui me les a offertes; il a dévalisé la voiture d'une marchande ambulante. Quels parfums! comme ça sent bon!

FEUILLANTIN.

Elles sont moins belles que toi... Garde la loge, fillette, je monte visiter l'appartement du premier avec monsieur le propriétaire.

CHARANÇON, se dirigeant vers le perron.

Du papier neuf partout, je vous demande un peu...

FEUILLANTIN, le suivant.

Alors vraiment, ils n'ont ni chien ni chat?...

CHARANÇON.

Ni enfant.

FEUILLANTIN.

C'est dommage! (Ils disparaissent.)

SCÈNE IX

SUZANNE, seule, puis LEJARS.

(Suzanne ressort de la loge où elle était ; elle place les fleurs dans un grand
vase et vient placer le vase sur le rebord de la fenêtre.)

SUZANNE.

Là, mes jolies fleurettes, vous voici dans le plus beau vase !
Il n'y a rien de trop beau pour des fleurs offertes par lui !
Êtes-vous bien ainsi, avez-vous assez de soleil ?... (Lejars entre
par la porte de la rue et porte une serviette bourrée de paperasses.)

LEJARS, qui s'est approché de Suzanne.

Jolies fleurs, mademoiselle Suzanne, très-jolies ! moins
jolies que vous !

SUZANNE, avec ennui.

Ah ! monsieur Lejars !

LEJARS, aimable.

Personne n'est venu me demander ?

SUZANNE.

Personne... mais j'ai une lettre pour vous. Je vais vous la
donner... (Elle entre dans la loge et revient aussitôt en tenant une
lettre.)

LEJARS.

On dirait que je vous fais peur... je n'ai pourtant pas l'air
méchant !...

SUZANNE.

Voici la lettre.

LEJARS, bas, vivement à Suzanne.

Plus adorable de jour en jour !

SUZANNE.

Monsieur, laissez-moi, je vous en supplie !...

LEJARS.

Bah ! votre grand-père, notre cher concierge, votre sévère
gardien, n'est pas là ! Quel grand crime croyez-vous donc
commettre en causant quelque peu avec moi ?

SUZANNE.

Encore une fois, monsieur, laissez-moi. Épargnez-moi

l'ennui de recourir à mon grand-père pour me débarrasser à jamais de vos obsessions. (Elle passe numéro 1.)

LEJARS.

Tous les grands-pères du monde auront beau faire, chère mignonne, ils ne sauront m'empêcher de vous aimer!... (Mouvement de Suzanne.) Ah! cela vous semble étrange que je me permette cela... à mon âge!... Je vous aime cependant. Vous doutez!... C'est la vérité pourtant... oh! la vérité vraie... Voyez-vous, pour arriver à vous donner mon nom, à partager avec vous ma petite fortune, je serais capable de tout! (Feuillantin a paru sur le perron, l'a descendu sans bruit et a écouté.)

FEUILLANTIN, s'élançant sur Lejars et le saisissant au collet.

Je vous avais défendu de parler à ma fille!

LEJARS, à droite.

Monsieur Feuillantin, vous m'étranglez!

SCÈNE X

Les Mêmes, FEUILLANTIN, puis CHARANÇON.

CHARANÇON, paraissant sur le perron.

Monsieur Feuillantin, que faites-vous donc?

FEUILLANTIN.

Ce qui me plaît, monsieur.

CHARANÇON, le calmant.

Monsieur Feuillantin, je ne vous comprends pas, traiter de la sorte le seul locataire qui paye.

FEUILLANTIN.

Peu m'importe qu'il paie, je ne veux pas que ce vieux renard vienne rôder autour de ma fille.

LEJARS, qui a gagné la gauche.

Si c'est permis qu'un portier ose ainsi menacer un locataire. (A mi-voix.) Je te ferai payer ça. (Il sort par la gauche.)

SCÈNE XI

LES MÊMES, moins LEJARS.

CHARANÇON.

Mon cher monsieur Feuillantin, vous ferez tant que M. Lejars déménagera.

FEUILLANTIN.

Ça m'est bien égal ! Et puis ne me parlez plus de lui, où je monte lui donner une danse. (Il prend son balai)

CHARANÇON, le contenant.

Voyons, calmez-vous ! Donnez-moi votre balai. (Il lui prend son balai.) Là ! (Feuillantin entre dans la loge avec Suzanne. Sosthène, en grande livrée, paraît au fond avec Flora.)

SCÈNE XII

LES MÊMES, SOSTHÈNE, FLORA.

SOSTHÈNE.

C'est bien ici, Flora ?... Du reste, voici le concierge. (A Charançon.) Dites donc, mon brave homme ?

CHARANÇON, vexé.

Ils me prennent pour le concierge !

SOSTHÈNE.

M. et madame de Montcorbel ne sont pas encore arrivés ?

CHARANÇON, à part.

Diable ! les nouveaux locataires... (Il jette le balai.) Je ne suis pas le concierge, je suis...

FLORA.

Comment vous n'êtes pas le concierge avec cette tête-là ?

CHARANÇON, furieux, à Feuillantin qui reparaît.

Monsieur Feuillantin, faites donc votre devoir !

FEUILLANTIN.

Eh bien ! quoi ? vous demandez si vos maîtres sont arrivés ?
Pas encore.

SOSTHÈNE.

C'est vous le portier, alors ?

FEUILLANTIN, le toisant.

Oui, après ?

SOSTHÈNE.

Eh bien ! après... après, c'est bien. (Bas à Flora.) Quel drôle
de portier.

FLORA, remontant.

Et Sourisset, où a-t-il passé, avec ses vases de Chine ?

SOSTHÈNE.

Il se sera endormi en route ! Il a toujours sommeil.

FLORA.

Ah ! non, le voici !

SCÈNE XIII

LES MÊMES, SOURISSET. Il paraît au fond, d'un air inquiet,
tenant entre ses bras deux potiches.

SOSTHÈNE.

Ne te presse pas mon petit.

SOURISSET.

S'il vous plaît ?

SOSTHÈNE, à Flora.

A-t-il l'air bête, hein ? (Lui donnant une bourrade.) Jocrisse,
va !

SOURISSET, aimable.

Non, pas Jocrisse ! Sourisset, Anasthase Sourisset, fils de
Polycarpe Sourisset, son père, fabricant d'andouillettes à
Troyes.

SOSTHÈNE, l'imitant.

En Champagne....

SOURISSET.

Pour vous servir !... (A Feuillantin.) Ah! pardon, monsieur et mamzelle. Je ne vous avais point vus et je vous souhaite le bonjour.

SOSTHÈNE, à mi-voix.

Imbécile! est-ce qu'on est si politique que ça avec une pareille clique. Quand on est domestique il faut savoir se tenir.

FLORA.

Tiens, petit Sourisset, voilà comment on parle à ces gens-là. (Haut.) Bonhomme! Eh! bonhomme... Vous allez nous faire voir nos chambres.

SOSTHÈNE.

Et puis les remises, les écuries ; montrez-moi tout ça, mon ami, que je voie la place de nos voitures et de nos chevaux... (Feuillantin ne bouge pas et toise Sosthène.)

CHARANÇON.

Eh bien! monsieur Feuillantin, montrez donc les écuries...

FEUILLANTIN.

Montrez-les vous-même !...

SUZANNE, bas à Feuillantin.

Ne faites pas attention au ton insolent de ces domestiques, grand-père.

SOSTHÈNE, l'apercevant.

Tiens! elle n'est pas mal, la petite ! (A Feuillantin.) C'est votre fille ?

FEUILLANTIN.

Oui, c'est ma fille!

SOSTHÈNE, à Suzanne.

Eh bien! la belle enfant, si vous voulez lier connaissance avec Flora et moi, nous ferons quelquefois des parties fines ensemble, chez les maîtres.... on fait tout ce que l'on veut chez eux...

FEUILLANTIN, le repoussant.

Ma fille ne fraye pas avec des drôles de votre espèce !

SOSTHÈNE, reculant.

Plaît-il ?

FEUILLANTIN.

Si vous étiez à mes gages, marauds, je vous apprendrais à être plus polis, et vous chasserais comme des chiens.

SOSTHÈNE, à part.

Le drôle de portier !

CHARANÇON, à part, regardant Feuillantin.

Je ne lui ai jamais vu ce regard-là... (*On entend le claquement du fou t et les jurons des déménageurs.*)

FLORA, remontant.

Ah! voilà la voiture de déménagement.

CHARANÇON, à Feuillantin.

Pourquoi cette colère?... Entre domestiques et concierge, ces familiarités sont permises.

FEUILLANTIN, se calmant.

C'est vrai, vous avez raison, je ne suis qu'un concierge et ces laquais ont le droit d'être insolents envers moi !... (*La voiture s'arrête, les déménageurs paraissent.*)

SCÈNE XIV

LES MÊMES, UN DÉMÉNAGEUR, puis M. DE MONTCORBEL et VALÉRIA.

FLORA, regardant.

Ah ! voici monsieur et madame qui descendent de voiture.

CHARANÇON, à Feuillantin.

Avez-vous toutes les clefs du premier ?

FEUILLANTIN, tirant les clefs.

Oui... voilà celle de la porte d'entrée... celle du salon, celle des armoires...

CHARANÇON, regardant.

Nos nouveaux locataires ! (*M. de Montcorbel et Valéria ont paru. Ils entrent.*)

MONTCORBEL, entrant.

Venez, chère amie... Voici votre nouvelle demeure. Eh ! monsieur Charançon ! (*A madame Montcorbel.*) Je vous présente notre propriétaire.

CHARANÇON, se confondant en salutations.

Madame, croyez bien que.., soyez sûre... que vous serez

fort bien ici... Des fleurs, des oiseaux, une maison tranquille...
un concierge très-dévoué...

VALÉRIA.

Cette maison me plaît beaucoup, mais je désirerais visiter
l'appartement que je ne connais pas encore.

CHARANÇON.

Les clefs sont préparées... (A Feuillantin.) Monsieur Feuillantin, veuillez remettre les clefs.

FEUILLANTIN, se levant et se dirigeant vers Montcorbel.

Les voici, les voici, madame. Celle de la porte d'entrée,
celle du salon... celle de... (Il regarde madame de Montcorbel et
pousse un cri.) Ah ! bonté divine ! (Il laisse tomber les clefs.)

SUZANNE, courant vers lui.

Grand-père, qu'as-tu donc ?

FEUILLANTIN, se remettant.

Rien, rien, je n'ai rien ! Que veux-tu que j'ai... (Ramassant
les clefs et se dirigeant d'un pas mal assuré vers l'escalier.) Venez, madame, je vais vous conduire !

SOURISSET.

Enfin, je vais donc pouvoir me reposer ! (Il s'étire sans faire
attention à ses vases qui s'échappent et tombent sur le sol en se brisant
Sosthène et Flora éclatent de rire, ainsi que les déménageurs qui, à ce moment,
apportent les meubles.)

ACTE DEUXIÈME

Au premier étage, les Montcorbel. Petit salon donnant sur d'autres. Grand luxe, grande recherche. A gauche, fenêtre. Portes au fond. Des flambeaux, où s'éteignent des bougies presqu'entièrement consumées, éclairent cette pièce de lueurs douteuses. Les portes sont fermées. Les tentures de la fenêtre sont baissées.

SCÈNE PREMIÈRE

SOURISSET, FLORA, SOSTHÈNE, dans un fauteuil, à gauche. Sourisset, étendu sur un canapé à droite. Flora, à la fenêtre. La pendule sonne cinq heures.

SOSTHÈNE.

Cinq heures du matin ! ah ça ! elle va donc durer toute la vie leur partie de baccarat !...

FLORA.

Et les invités, quand vont-ils filer ?

SOSTHÈNE.

Ils sont acharnés cette nuit ! Il va falloir les faire déjeûner !

FLORA.

Et nous forcer à les attendre ! Décidément, ce n'est pas gai d'être au service des autres, mon pauvre Sosthène, et un de ces quatre matins, je me paierai des domestiques à mon tour !

SOSTHÈNE, se levant

Des domestiques, grand Dieu ! Pour se faire voler, piller,

dévaliser! Non, croyez-moi, mamzelle Flora, restons ce que nous sommes, c'est bien plus malin !

FLORA.

C'est mon avis !

SOSTHÈNE.

Et puisque les maîtres s'amusent, rions un peu. Laissez-moi vous embrasser.

FLORA.

Oui, mais rien qu'une fois ! (Sosthène l'embrasse. Elle le repousse, il va tomber sur Sourisset.)

SOURISSET, se réveillant.

Aie! Qu'est-ce qui me tombe dessus?

SOSTHÈNE.

Eh! c'est moi, imbécile! Crie donc pas tant!

SOURISSET, s'asseyant.

Ah ! c'est vous! m'sieur Sosthène! je rêvais que j'étais retourné à Troyes... chez papa...

SOSTHÈNE.

N'aurais-tu pas de dispositions pour l'état de domestique?

SOURISSET.

Aucune ! se lever à six heures, être toute la journée sur pied... passer toutes les nuits debout... ça n'est pas mon affaire !

FLORA.

Parce que tu ne veux pas te dégourdir! (Elle le pince.)

SOSTHÈNE, sévère.

Flora, de la tenue!

SOURISSET.

Moi, je veux bien me dégourdir.

SOSTHÈNE.

Alors, pourquoi refuses-tu de vider de temps en temps une de ces bonnes vieilles bouteilles que nous allons cueillir à la cave.

SOURISSET.

Parce que je ne peux pas boire, ça me fait mal.

FLORA.

Quand nous nous offrons entre nous un bon petit repas, pourquoi, te sauves-tu?

SOURISSET.

Je ne peux pas manger, ça me rend malade !

SOSTHÈNE.

Il est trop bête ! (Il remonte.)

FLORA, bas.

Et quand une camériste gentille et coquette... te passe ainsi sa petite main sous le menton, que fais-tu ?

SOURISSET.

Rien du tout ! Papa Sourisset m'a dit : Méfie-toi des femmes, c'est la mort aux écus.

FLORA, à part.

Il est gentil tout de même ! (Les portes s'ouvrent, on voit les joueurs.)

SCÈNE II

Les Mêmes, MONTCORBEL, TRUFFARD, COTIGNAC. Mᵐᵉ DE CORNEVAL, Quelques Joueurs, Quelques Femmes, VALÉRIA

MONTCORBEL, tenant les cartes.

Voyons, messieurs, finissons la main, le coup du chapeau ?

COTIGNAC.

Nous le faisons depuis minuit, le coup du chapeau ! (Le salon du fond se dégarnit. Tout le monde entre en scène.)

VALÉRIA.

Il n'est pas tard, finissons la main.

TRUFFARD.

Non, il est cinq heures... Je meurs de faim, moi !

COTIGNAC.

Je tombe de sommeil ! (A Sosthène.) Nos chapeaux, nos pardessus ?

SOSTHÈNE.

Sourisset. Les chapeaux et les pardessus de ces messieurs.

SOURISSET, à part.

Pourquoi qu'il ne va pas les chercher lui-même ?

3

MADAME DE CORNEVAL.

Ah cela ! qui est-ce qui gagne ?

VALÉRIA, sur le canapé à droite.

Tout le monde.

COTIGNAC.

Oh ! tout le monde, pas moi, toujours !

TRUFFARD.

Ni moi.

VALÉRIA.

Vous êtes superbes ! il n'y a que Montcorbel et moi qui perdions et personne ne gagne, c'est toujours ainsi à la fin d'une partie.

COTIGNAC.

Moi, je gagne à peine quinze louis !

TRUFFARD.

Moi, j'en gagne dix.

MADAME DE CORNEVAL.

Moi, j'en gagne vingt

VALÉRIA.

C'est cela, c'est ce que nous perdons.

MONTCORBEL.

Ma chère Valéria, vous allez faire dire que vous êtes mauvaise joueuse.

VALÉRIA.

Je ne suis pas mauvaise joueuse, seulement je ne sais pas pourquoi on cache toujours ce que l'on gagne ?

MADAME DE CORNEVAL.

A propos, ma chère, je vous fais mes compliments : Votre nouvel appartement est délicieux.

TRUFFARD.

Et comme vous avez été vite installée !...

MADAME DE CORNEVAL.

Mais vous avez renouvelé votre mobilier. Qui vous a vendu cette adorable garniture de cheminée ?

VALÉRIA.

C'est une occasion, une merveille que M. Lejars nous a découverte à l'hôtel des ventes.

COTIGNAC.

Ah ! monsieur Lejars ?

MONTCORBEL, vivement.

Vous le connaissez ?

COTIGNAC, souriant.

Un peu ! C'est un brave homme. Au revoir. (Il remonte.)

TRUFFARD, venant serrer la main de Montcorbel.

Quelle bonne chose de sortir d'une maison à une heure
pareille. On est vert, on est jaune, on est de toutes les couleurs ! Moi, quand je viens de jouer, je suis humilié de passer
devant les balayeurs qui nettoient mélancoliquement la chaus-
sée !

MADAME DE CORNEVAL, à Valéria.

Vous allez vous reposer un peu, j'espère ? Allons, dormez
bien !

SOSTHÈNE, tenant un flambeau, à gauche.

Ont-ils bientôt fini de se faire des politesses !

COTIGNAC baise la main à Valéria.

Éclairez-nous, Sosthène.

SOSTHÈNE, à Sourisset

Sourisset, éclairez ! (Il lui donne son flambeau.)

SOURISSET, à part.

Décidément, il faut que je fasse tout ! (Il passe devant tout le
monde. — Montcorbel reconduit un peu les invités.)

SCÈNE III

VALÉRIA, seule, puis MONTCORBEL

VALÉRIA, se regarde dans la glace de la cheminée, à droite.

Comme cela vous rend laide, une nuit passée au jeu... Est-ce
permis qu'une femme... (Changeant de ton.) J'aurais voulu que
cette partie durât éternellement, que cette fièvre ne pût cesser..
(A Montcorbel.) Vous avez perdu beaucoup ?

MONTCORBEL, rire forcé.

Non, trente louis à peine !

VALÉRIA.

C'est trop!

MONTCORBEL.

La partie était belle.

VALÉRIA.

Je n'aime pas perdre.

MONTCORBEL.

Vous devez être fatiguée! Allez vous reposer!

VALÉRIA.

Non, non, je n'ai pas sommeil!

MONTCORBEL, près du canapé.

Toujours la même agitation! En vous amenant ici, dans cette maison paisible et riante, où le fracas de la vie est à peine entendu, j'espérais rendre à votre âme ce calme et ce bonheur qui semblent l'avoir abandonnée! (La regardant en face, avec anxiété.) Valéria, est-ce que vous ne m'aimez plus?

VALÉRIA.

Si, je vous aime! Est-ce que je ne me donne pas entièrement à vous? Je vous aime! Oui!... Oui!... Je vous aime!...

MONTCORBEL.

Que voulez-vous, c'est toute ma vie que je vous ai vouée! pour vous, j'ai quitté mes amis, ma famille! Délaissé, repoussé par les miens! seul au monde, tout seul pour lutter contre les exigences terribles de la vie... Que n'ai-je pas fait pour satisfaire le moindre de tes désirs, le moindre de tes caprices?... Que ne ferai-je pas pour te disputer à ceux qui voudraient te ravir à moi!

VALÉRIA.

Et qui pourrait me ravir à toi?... (Elle se lève.)

MONTCORBEL.

Cette soif de plaisirs, cet amour du luxe qui est tout pour toi!

VALÉRIA.

Allez-vous me blâmer parce que j'aime la vie brillante et splendide!... parce que j'aime ces diamants qui parent mon visage et mes épaules.

MONTCORBEL.

Je ne vous blâme pas.

VALÉRIA, avec un soupir.

Ah! si j'avais un enfant comme toutes les autres femmes!
mais je n'ai rien, je n'ai rien! (Elle s'assroit à gauche, sonne sur
un timbre. Flora paraît.) Éteignez ces bougies, c'est lugubre de
voir ces flammes qui agonisent. (Flora va éteindre les bougies.) Ou-
vrez cette fenêtre! (Flora va ouvrir la fenêtre, puis sur un signe elle
sort. — Valéria va à la fenêtre.) Ah! de l'air frais, ça fait du
bien!

MONTCORBEL.

Non, Valéria, tu ne m'aimes plus!

VALÉRIA, se retourne.

Décidément tu es fou, ce matin! mais, combien de fois fau-
dra-t-il donc te le dire, pour que tu le croies? Il faut bien
que je t'aime, puisque pour toi je me suis avilie, dégradée...
puisque j'ai tout quitté... (Elle recule tout à coup.) Ah! c'est lui!

MONTCORBEL.

Qui donc?

VALÉRIA.

Déjà debout! à cette heure, déjà au travail, et c'est un
vieillard! Et il est là balayant une cour... portant des seaux
d'eau, tandis que moi, j'ai passé la nuit au jeu. (Brusque.) Re-
fermez cette fenêtre. (Elle revient. Montcorbel ferme la fenêtre.)

MONTCORBEL.

Valéria, depuis quinze jours que vous habitez cette maison,
voilà plusieurs fois que vous demeurez tremblante à la vue
de ce vieillard! En quoi ce concierge peut-il à ce point vous
impressionner?

VALÉRIA.

C'est ridicule et c'est insensé... mais, malgré ces rides pro-
fondes, cette chevelure blanche et ce dos courbé, j'ai cru retrouver en lui...

MONTCORBEL.

Qui donc?...

VALÉRIA.

Ah! je vous le répète! c'est insensé, j'ai cru retrouver
en ce vieillard...

MONTCORBEL.

Eh bien?

VALÉRIA.

Mon père!...

MONTCORBEL.

Votre père!... c'est impossible! lui, ce gentilhomme si orgueilleux, si fier de sa noblesse?

VALÉRIA

Je sais bien qu'en réfléchissant cela me semble aussi impossible! mais cet homme n'a-t-il pas auprès de lui une enfant, une jeune fille, qui l'appelle grand-père? Et lorsque autrefois, il y a douze ans, éperdue, délirante je me suis enfuie, n'ai-je pas dans mon égarement abandonné dans la pension où je l'avais mise une enfant nommée Suzanne?

MONTCORBEL.

Alors, Suzanne Feuillantin?...

VALÉRIA.

Serait ma fille!... et voilà la cause de cette fièvre, de cette agitation. (Avec fièvre.) Mais cette incertitude ne durera pas longtemps. J'ai chargé hier soir ma femme de chambre de m'amener aujourd'hui, ici-même, cette jeune fille... je l'interrogerai, je lui parlerai : peut-être saurai-je par elle le véritable nom de son grand-père, sa véritable naissance à elle, car tant que ce mystère ne sera pas éclairci, je ne vivrai pas !

MONTCORBEL.

Ah! Valéria, si jamais vous retrouvez ce père et cette fille adorée, ce jour-là, je n'aurai plus qu'à mourir, car vous seriez à jamais perdue pour moi.

FLORA, paraissant par une petite porte à gauche. 1er plan.

Madame!

VALÉRIA.

Ah! c'est toi! Viens ici! (Elle approche.)

SCÈNE IV

LES MÊMES, FLORA.

FLORA.

J'ai fait la commission! Tout à l'heure, je suis descendue dans la cour en profitant d'un moment où le grand-père causait dans la rue avec la porteuse de pains, je suis entrée dans la loge où la petite Suzanne s'habillait ; je lui ai dit que madame désirait lui parler.

VALÉRIA.

Ah! et qu'a-t-elle répondu?

FLORA.

Elle a paru troublée! puis elle a dit : « Remontez et attendez-moi dans l'escalier de service. »

VALÉRIA.

Alors, elle va venir?

FLORA, prête l'oreille.

Je crois même que je l'entends!..

VALÉRIA, allant à Roger qui se trouve à droite, près de la cheminée.

Roger, éloignez-vous un peu... Laissez-moi seule avec cette enfant.

MONTCORBEL.

Soit! à bientôt donc!.. (Il lui saisit les mains.) Jure-moi de m'aimer toujours!

VALÉRIA.

Je te le jure! (Il sort. Flora introduit Suzanne par la gauche.)

FLORA, à Suzanne, lui montrant Valéria.

Voici madame! (Elle sort par le fond.)

SCÈNE V

VALÉRIA, SUZANNE.

VALÉRIA, sur le canapé.

Approchez, mon enfant.

SUZANNE, se maîtrisant.

On m'a dit que vous désiriez me voir, madame, et je suis venue...

VALÉRIA.

En vous cachant de votre grand-père, n'est-ce pas? il vous a défendu de me parler?

SUZANNE.

Non! mais, je ne vais chez aucun locataire! Il m'aime tant qu'il ne peut pas me sentir loin de lui; mais de quoi s'agit-il, madame?

VALÉRIA, à part la considérant.

Elle est bien jolie! (Après un temps.) En voyant votre grand-père si courageux, malgré son grand âge, en voyant son amour pour vous et votre tendresse pour lui, je me suis intéressée vivement à vous, et je vous ai fait venir à seule fin de (Hésitant.) soulager un peu votre existence, qui doit être pénible !

SUZANNE, avec une sorte de fierté.

Mon grand-père et moi n'avons besoin de rien.

VALÉRIA.

Ne vous offensez pas de ces paroles qui ne sont dictées, croyez-le, que par une grande sympathie.

SUZANNE.

Je vous en remercie, madame.

VALÉRIA

Asseyez-vous là près de moi! (Elle la fait asseoir à ses côtés.) Votre grand-père n'a pas toujours fait ce métier misérable ! L'avez-vous connu, dites-moi, dans une autre position?

SUZANNE.

Depuis l'âge de quatre ans, il est mon gardien, et pour m'élever, il a fait bien des sacrifices, bien des métiers, allez! il a été comptable dans une maison de commerce, puis homme de peine !

VALÉRIA.

Homme de peine!

SUZANNE.

Nous avons longtemps habité la province; puis nous sommes venus à Paris! il a loué pour lui et pour moi deux petites chambres dans cette maison, au cinquième! il espérait trouver une place, mais il était vieux, et partout on le repoussait! Que de fois je le vis rentrer dans notre modeste logis, les yeux rouges de larmes et le cœur gros de soupirs ! sans ressource aucune il ne put naturellement payer notre loyer. Le concierge venait de mourir... monsieur Charançon, le propriétaire, offrit à grand-père de le remplacer ! nous étions sans asile, sans pain. Nous descendîmes notre petit mobilier du cinquième dans la loge, et depuis, nous ne manquons de rien et nous sommes heureux.

VALÉRIA, un silence.

Vous n'avez pas d'autres parents?

SUZANNE.

Non !

VALÉRIA.

Mais votre mère ?

SUZANNE, la regardant.

Ma mère, je l'ai vue quelquefois quand j'étais toute petite. Elle ne m'aimait pas peut-être, ou bien elle ne songeait qu'à ses soirées, qu'à ses bals; car elle était riche, elle n'avait pas le temps de s'occuper de moi! mon père venait parfois au pensionnat ou l'on m'avait enfermée... il venait avec grand-papa! mais un jour grand-papa vint tout seul, mon père était mort!

VALÉRIA, d'une voix étouffée.

C'est elle!

SUZANNE.

Depuis, je lui ai demandé bien souvent où était ma mère, et il m'a toujours répondu : elle est morte! (Elle se lève.)

VALÉRIA, étouffant un cri.

Morte!

SUZANNE.

Madame, qu'avez-vous? vous êtes toute pâle et vous tremblez!

VALÉRIA.

Non! non! je ne tremble pas! Votre mère... votre mère... l'aimez-vous malgré son abandon? (Elle se lève.)

SUZANNE, après un temps, avec mystère.

Grand-papa a un pastel dans sa loge. C'est une belle jeune fille, au regard hautain... mais bien belle! c'est le portrait de ta mère, m'a-t-il dit, quand elle avait ton âge!.. Dès que j'eus appris cela, chaque soir, je m'agenouillais devant ce tableau dont les couleurs étaient à demi-effacées par le temps. Je m'agenouillais et tout bas je lui disais : petite mère, petite mère, je t'aime!

VALÉRIA, avec élan.

Ah! chère enfant.

SUZANNE, vivement.

Ne dites jamais à grand-père que je vous ai dit ça, il me gronderait!

VALÉRIA, très-émue.

Et quand ma femme de chambre est allée vous chercher, pourquoi étiez-vous si émue?

SUZANNE.

Parce que vous ressembliez au portrait!

VALÉRIA, lui prenant les mains.

Ah! vous viendrez souvent... bien souvent... j'ai une fille,

moi, voyez-vous, une fille que j'ai perdue ! je crois la revoir
en vous ! promettez-moi de revenir !

SUZANNE.

Je vous le promets, mais vous ne le direz pas ! (Bruit de voix
confuses.)

VALÉRIA.

Quest-ce que cela ? (Sourisset paraît.) Qu'y a-t-il donc?

SCÈNE VI

LES MÊMES, SOURISSET, puis SOSTHÈNE,
puis FEUILLANTIN.

SOURISSET, au fond.

Madame... je vas vous dire... c'est le portier! (Mouvement
des deux femmes, à Suzanne.) Votre grand-père, mademoiselle! il
demande à parler à madame, et Sosthène, ce grand efflanqué
de Sosthène, veut le mettre à la porte.

SUZANNE.

Ah! madame !

VALÉRIA, court à la porte.

Sosthène! Sosthène.

SOSTHÈNE, paraissant.

Madame a appelé?

VALÉRIA.

De quel droit congédiez-vous M. Feuillantin lorsqu'il demande à me voir?

SOSTHÈNE.

Le portier!

VALÉRIA, vivement, voyant Feuillantin.

Ah! monsieur, venez! venez!

FEUILLANTIN, humble et souriant.

Je dérange peut-être madame la comtesse?

VALÉRIA, agitée.

Pardonnez à ce valet, monsieur !

SOSTHÈNE, à part.

Est-elle polie !

FEUILLANTIN.

Lui pardonner, quoi? on ne reçoit un portier que lorsqu'on
a le temps, quoique je vienne de la part du pro riétaire, qui
vous prie, madame, de lui faire savoir si l'appartement n'a pas
besoin de quelques réparations. (Bas à Suzanne.) Va-t-en !

SUZANNE.

Oui, grand-père ! (A Valéria.) Au revoir, madame !

VALÉRIA fait un mouvement.

Vous partez?

FEUILLANTIN, entre elles.

Oui, il faut qu'elle aille garder la loge. Ah dame ! quand on
est petite-fille de portier... (Bas et impérieux, à Valéria.) Renvoyez
vos laquais, madame !

VALÉRIA.

Mais...

FEUILLANTIN.

Renvoyez-les !

VALÉRIA, aux valets.

Laissez-nous !

SOSTHÈNE, s'éloignant.

Quel drôle de portier !

SOURISSET.

Quelle jolie petite portière !

SUZANNE, sortant.

Que signifie?... (Elle sort par la petite porte à gauche.)

SCÈNE VII

VALÉRIA, FEUILLANTIN.

FEUILLANTIN, se redressant.

Vous avez attiré Suzanne chez vous, vous l'avez fait parler,
et vous savez maintenant, n'est-ce pas, madame de Montcorbel, qu ls liens de parenté vous unissent au portier du
numéro 15?...

VALÉRIA.

Vous ! vous ! mon Dieu !

FEUILLANTIN, railleur.

Oui, moi, le baron de Franville, ce fier gentilhomme devant qui les laquais se courbaient jusqu'à terre, et qu'aujourd'hui ils insultent ! Le voilà ! C'est moi, vêtu de guenilles, affublé d'un tablier bleu, concierge, portier, pauvre, misérable, parce que je suis resté honnête homme... parce que j'ai fait mon devoir... tandis que les lâches qui ont traîné dans la boue loyauté et honneur ont des appartements au premier étage, des chevaux à l'écurie, des voitures sous la remise ! Eh bien, oui ! le voilà, ton père, ton père que tu as déshonoré et qui cache son nom pour que personne ne puisse se douter qu'il a donné le jour à cette fille perdue qui, après avoir trahi son mari, a abandonné son enfant !

VALÉRIA.

Si j'ai trompé M. de Roseberg, c'est qu'il ne pouvait me donner l'amour auquel j'aspirais !... Il avait cinquante ans et j'étais jeune ; et ce qu'il me fallait, c'était la jeunesse ! ce qu'il me fallait, c'était la vie ! Vous voilà, vous autres hommes... le devoir, toujours le devoir... et vous ne pardonnez pas à la femme qui, jetée dans l'ombre, tend les bras vers le soleil !

FEUILLANTIN, indigné.

Alors, vous viviez dans l'ombre avec M. de Roseberg ! Il engloutit une fortune pour vos fêtes toujours renaissantes ! La mienne vint cent fois à son secours pour satisfaire votre luxe ! Nous étions là tous les deux à chercher, à créer des plaisirs, pour retenir à nos côtés cette fille et cette épouse qui se riait de nos efforts et de notre tendresse ! Vous avez tué l'un et vous avez ruiné l'autre ! Je ne vous le pardonne pas, et si l'un de mes ancêtres... (Mouvement de Valéria. — Changeant de ton et souriant avec amertume.) Ah ! cela vous étonne que, dans un costume pareil, j'ose parler de mes ancêtres... (Solennel.) Eh bien ! si l'un de ceux-là avait eu une fille comme vous, il l'eût tuée, madame, pour laver dans son sang sa honte et son opprobre !

VALÉRIA, après un temps.

J'ai été coupable ! j'ai été folle !... mais je ne puis souffrir que vous meniez plus longtemps avec Suzanne cette vie de misère.

FEUILLANTIN, raillant.

Je ne suis pas de la même espèce que les pères et les mères

que vous connaissez, madame : Je ne dîne pas avec les amants
de ma fille !

VALÉRIA.

Mais enfin, que voulez-vous ?

FEUILLANTIN, d'un ton d'autorité.

Je veux que jamais vous ne reparliez à Suzanne !

VALÉRIA.

A ma fille ! Oh ! vous ne l'empêcherez pas de m'aimer

FEUILLANTIN.

C'est justement parce que je crains qu'elle ne vous aime,
que je veux lui éviter votre contact, que je veux la garder de
vous !

VALÉRIA, se révoltant.

C'est ma fille, après tout !

FEUILLANTIN.

Vous l'avez abandonnée ! Sans moi, que serait-elle devenue ?... Je l'ai prise, je l'ai abritée ! j'ai travaillé pour elle !
Vous lui avez donné le jour... je lui ai donné la vie !

VALÉRIA.

Dites-moi de ne pas lui révéler qui je suis ; mais ne m'em-
pêchez pas de la voir !

FEUILLANTIN.

Elle ne doit plus vous voir... et cette maison même, vous
devez la quitter ! Si vous l'aimez un peu, vous devez la fuir,
pour que votre fille ne s'y rencontre pas avec les amants de
sa mère !

VALÉRIA, après un violent effort.

Vous n'êtes pas mon maître !

FEUILLANTIN.

Je suis votre père... Il est de votre intérêt même de vivre
loin de Suzanne, car tôt ou tard quelque valet indiscret lui
apprendrait la vérité... et alors ce ne serait pas moi qui vous
jugerais, ce serait votre fille qui vous condamnerait ! (Valéria baisse le front.) Vous quitterez cette maison, n'est-ce pas ?

VALÉRIA, après une hésitation.

Je la quitterai !

FEUILLANTIN.

C'est bien... merci de votre soumission ! Allons ! rappelez
vos gens, madame !

(Valéria va sonner à droite près de la cheminée ; puis elle revient le front
courbé vers Feuillantin.)

VALÉRIA.

Mon père!...

FEUILLANTIN, très-ému.

Ma fille!... (La porte du fond s'ouvre; les laquais reparaissent. — Feuillantin, changeant de ton.) Eh bien! madame, c'est entendu; je ferai part de vos observations à monsieur le propriétaire! Demain, on ramonera toutes les cheminées. (Il sort.)

SOSTHÈNE, le suivant.

Quel drôle de portier!

SCÈNE VIII.

VALÉRIA, FLORA, puis MONTCORBEL.

VALÉRIA, à Flora.

Monsieur n'est pas rentré? (Bruit de voiture.)

FLORA.

C'est la voiture de monsieur! le voici! (Revenant.) Est-ce que madame est souffrante?

VALÉRIA.

Non! une migraine! (Voyant Montcorbel, elle court à lui.) Ah! venez! (A Flora.) Va-t-en!

FLORA, à part.

Oh! oh! ça va mal ici! Ça va mal! (Elle sort.)

SCÈNE IX

VALÉRIA, MONTCORBEL, puis LEJARS et SOSTHÈNE.

MONTCORBEL, à Valéria.

Quelle pâleur! Qu'y a-t-il encore?

VALÉRIA, avec agitation.

Eh bien! mon ami, j'ai retrouvé mon père, j'ai retrouvé

ma fille! (Avec un rire fiévreux.) Ma fille, c'est la petite Suzanne!
mon père, c'est le portier! (D'une voix saccadée.) Je veux partir,
je veux aller loin, bien loin... Allons!... Emmène-moi,
Roger, que je fuie le mépris de ma fille, les outrages de mon
père! Nous partirons demain, n'est-ce pas?

SOSTHÈNE, annonçant.

Monsieur Lejars! (Entrée de Lejars. — Sosthène sort.)

MONTCORBEL, allant à Lejars.

Ah! c'est vous, monsieur Lejars! Eh bien! Valéria veut fuir
cette maison!

LEJARS.

Quels motifs?...

VALÉRIA.

Que vous importe? Je veux partir! je le veux! il le faut...
Roger, si tu m'aimes, arrache-moi d'ici!...

LEJARS, bas à Montcorbel.

Je ne veux pas que vous partiez, moi!

MONTCORBEL.

Mais...

VALÉRIA.

Que dites-vous donc là tout bas?

LEJARS.

Je disais à M. de Montcorbel que je connaissais la véritable
cause de l'antipathie que vous professez aujourd'hui pour
cette charmante maison!

VALÉRIA.

Vous?

LEJARS baisse la voix.

Le concierge est votre père, la petite-fille du concierge est
votre fille, mademoiselle Suzanne de Roseb rg!... Le vieux
gentilhomme veut vous forcer à partir. Et vous courbez la
tête et vous vous soumettez? et vous renoncez bénévolement
à voir cette enfant? Vous y renoncez sans songer un instant
que la loi, cette bonne loi, vous donne tous les droits sur
votre enfant!... que vous n'avez qu'à revendiquer ces droits
pour reprendre à ce rigide vieillard cette fille qu'il veut vous
enlever!

VALÉRIA, redressant la tête.

La lui reprendre?

MONTCORBEL, vivement à Lejars.

Que venez-vous lui dire là ? Reprendre cette enfant est impossible !...

VALÉRIA, avec force.

Pourquoi donc, puisque la loi est pour moi ?

MONTCORBEL.

Valéria !...

LEJARS, bas à Montcorbel.

Silence ! Je veux qu'elle reprenne sa fille.

VALÉRIA se lève tout à coup.

Eh bien ! oui ! au fait, pourquoi me courber ! il m'accable sous ses outrages, ce père redouté... Il est sans pitié ! sans merci ! Et je consens à tout ! et je ne me révolte pas ! Je renonce à ma fille... quand la loi est là pour me protéger.

LEJARS.

Invoquez cette loi et reprenez votre enfant !

VALÉRIA, passant à droite.

Eh bien ! oui, je la lui reprendrai !

FLORA, entrant.

Madame, le déjeuner est servi.

MONTCORBEL, bas à Lejars.

Enfin ! me direz-vous ?...

LEJARS.

Je ne vous dirai rien aujourd'hui, monsieur le comte ! (Lui prenant le bras.) Allons déjeuner !

VALÉRIA, avec violence.

Oui ! je reprendrai ma fille !

(Le rideau tombe.)

ACTE TROISIÈME

La loge de Feuillantin. — A droite, fenêtre avec un carreau que l'on ouvre pour parler aux locataires. — A gauche, cheminée, assez luxueusement ornée, mais d'objets de vieux style : pendule, flambeaux, le tout sous de grands globes. — Près de la cheminée, porte en pan coupé, conduisant à la chambre de Suzanne. Cette porte est fermée par une vieille tapisserie armoiriée. — Près de la cheminée, vieux fauteuil doré, style restauration. — Quelques portraits. — Au fond, porte avec petite barrière en bois peint. — Armoire au fond en pan coupé ; à droite, une table, quelques chaises. — Le fond vitré, entièrement à jour, laisse voir la cour du premier acte.

SCÈNE PREMIÈRE

SUZANNE, puis SOURISSET.

(Suzanne range les meubles de la loge. Sourisset paraît au fond, en veste, en tablier, une étrille à la main. Il contemple Suzanne.)

SUZANNE.

Voilà tout en ordre!... Est-ce coquet tout de même ici!..

SOURISSET, s'avançant.

Mamzelle Suzanne, voulez-vous que je vous dise : votre loge, c'est un palais !

SUZANNE.

Ah ! M. Sourisset! le groom du premier !

SOURISSET.

Figurez-vous que je suis entrain de panser les chevaux....

c'est Sosthène qui devrait les panser... mais il me fait faire toute sa besogne... Eh bien ! la fontaine ne veut pas couler, ce matin, et je venais vous demander ce qu'elle avait, la fontaine !...

SUZANNE.

Vous avez besoin d'eau .. Il y a un puits au n° 17...

SOURISSET.

Vous êtes bien aimable, mamzelle ! Oh ! oui, vous êtes bien aimable !...

SUZANNE, à voix basse.

Mais, dites-moi donc, monsieur Sourisset, votre maîtresse ne sort plus du tout ! Est-ce qu'elle est malade ?

SOURISSET.

Non !... mais elle est agitée... oh ! mais agitée !...

SUZANNE.

Elle doit être bonne pour vous tous !

SOURISSET.

Pas trop méchante !... seulement on reçoit des gens dans cette maison-là !... Il y en a un surtout, M. Lejars ! Ce qu'il me déplaît... il me déplaît d'autant plus qu'il se permet de vous regarder avec des yeux. .

SUZANNE.

Mais vos chevaux piaffent dans la cour !

SOURISSET.

Je vais les calmer ! (Allant au fond.) Eh ! donc, cocotte ! Oh ! là !... (Revenant.) C'est égal, est-ce joli chez vous !..... est-ce joli ! Tenez, c'était peut-être ma vocation d'être concierge ! C'est très-beau cette carrière-là ! respecté, redouté par tout le monde !... Et puis, si un locataire vous ennuie, pouvoir lui faire faire le pied de grue à la porte toute la nuit ! Ah ! si j'étais concierge ! il y en a un à qui je ne tirerais jamais le cordon, c'est Sosthène ! Oh ! ce Sosthène !...

SUZANNE, regardant par le fond.

Prenez donc garde, vos chevaux viennent de desceller l'anneau... ils vont se sauver !

SOURISSET, très-calme.

Oh ! bien, qu'ils se sauvent, ils me rendront un fier service ! En voilà des bêtes qu'a du vice... Je ne sais pas si c'est Sosthène qui le leur conseille, mais elles tâchent toujours de me flanquer des ruades ! (Changeant de ton.) Ah ! oui ! je vou-

drais être portier... et avoir une jolie petite portière comme
vous... (Se tournant vers la cour, à ses chevaux et les calmant.) Oh !
oh ! Eh ! là donc ! (Reprenant son air tendre.) Ah ! mamzelle
Suzanne, depuis que je suis dans cette maison... je ne sais
pas si c'est la faute de cette petite statue qui orne la fontaine,
mais je suis d'un épris... Ah ! mais d'un épris !...
(Sosthène paraît le fouet à la main.)

SCÈNE II

LES MÊMES, SOSTHÈNE.

SOSTHÈNE, saisissant Sourisset.

Mauvais groom, est-ce que tu te moques du qu'en dira-
t-on ?

SOURISSET.

Je ne m'en moque pas, m'sieu Sosthène !

SOSTHÈNE.

Si je n'étais pas arrivé, les chevaux s'en allaient dans la
rue !

SOURISSET.

Eh bien ! qu'est-ce que je disais ? comme ça a du vice !
Tout ça, pour me faire flanquer un savon !

SOSTHÈNE.

Allons, arrive ! (Il remonte.)

SOURISSET, revenant d'un bond vers Suzanne, à mi-voix.

Oui ! je suis épris, et je suis épris de vous !

SOSTHÈNE, au fond.

A l'écurie, tout de suite ! (Il s'éloigne.)

SOURISSET, le suivant.

On y va ! on y va !

SCÈNE III

SUZANNE, puis DIDIER.

SUZANNE, riant.

Drôle de petit bonhomme ! Mais occupons-nous de nos

chardonnerets. (Elle va à la petite fenêtre et ouvre une cage dorée suspendue au dehors. Fixant ses yeux au loin.) Ah! la dame du premier... C'est elle! Comme elle est pâle! Et comme elle me sourit!

DIDIER, qui est entré sur les derniers mots.

Mademoiselle Suzanne, vous laissez la cage ouverte! Les chardonnerets vont s'envoler!

SUZANNE.

Ah! c'est vrai! (Elle referme la cage, venant à Didier.) Vous sortez, monsieur Didier?

DIDIER.

Oui, je vais à ma répétition!... Ah! mes débuts approchent et le cœur commence à me battre? Mais où est donc M. Feuillantin?

SUZANNE.

Il est monté chez les Leclercq leur porter quelques médicaments. Le père est bien malade, allez.

DIDIER.

Pauvres gens!... Mademoiselle Suzanne, c'est aujourd'hui la Saint-Pierre.., et M. Feuillantin s'appelle Pierre, je crois?

SUZANNE.

Vous le savez?

DIDIER.

Toute la maison le sait.... Avez-vous acheté votre bouquet?

SUZANNE

Non! J'en ai commandé un hier au soir à Mme Boursier, notre grosse bouquetière... Elle passera tout exprès par ici avec sa petite voiture pour m'apporter mes fleurs.

DIDIER.

Soyez sans crainte! (D'un ton confidentiel.) Moi, j'ai trouvé chez un vieux bijoutier que je connais cette montre (Il tire un écrin qu'il ouvre.) avec chaînette et breloques!... C'est très-ancien et comme je sais que votre grand père aime tout ce qui lui rappelle le temps jadis, je crois que cela lui plaira!..

SUZANNE, prenant l'écrin.

Oh! oui! d'abord, c'est fort bien travaillé!

DIDIER

C'est très-artistique. Et M. Feuillantin s'y connaît. (Reprenant l'écrin.) Voilà mon cadeau! Ne le dites pas!

SUZANNE.

J'observerai le même silence que vous ; nous ferons semblant d'avoir oublié que c'est aujourd'hui sa fête... et puis tout d'un coup, nous arriverons ! (Feuillantin paraît dans la cour.)

DIDIER, remettant vivement l'écrin dans sa poche.

Silence !... le voici !... (Changeant de ton.) Eh bien ! mademoiselle Suzanne, où avez-vous donc mis les colifichets ? (Feuillantin paraît au seuil de la porte et les contemple.)

SUZANNE.

Les colifichets ! je ne sais plus !

FEUILLANTIN, s'approchant.

Tes chardonnerets les mangent déjà, petite !

SCÈNE IV

LES MÊMES, FEUILLANTIN.

FEUILLANTIN, après un temps.

C'est drôle ! chaque fois que je vous trouve ensemble, vous vous occupez des animaux. L'autre jour, c'était mon chat ! aujourd'hui ce sont les colifichets des oiseaux ! (Les attirant vers lui avec tendresse.) Vous êtes charmants tous les deux !

DIDIER, regardant la pendule.

Midi ! je suis en retard, et ma répétition ! A tantôt, M. Feuillantin.

FEUILLANTIN, souriant.

A tantôt ! allez, allez, et ne vous faites pas mettre à l'amende. (Il va à la cheminée qu'il arrange.)

SUZANNE, reconduisant Didier, à voix basse.

C'est entendu !... Nous faisons semblant d'oublier que c'est sa fête... (Didier s'éloigne.)

SCÈNE V

FEUILLANTIN, SUZANNE.

(Silence. Suzanne va à la petite fenêtre et fixe ses yeux au dehors. Feuillantin l'aperçoit dans la glace.)

FEUILLANTIN, à mi-voix.

Encore les yeux fixés sur les fenêtres de Valéria ! (Se retournant) Suzanne !

SUZANNE, se retournant aussi.

Grand-père !

FEUILLANTIN, il fait quelques pas vers Suzanne qui s'approche. Il lui prend la main.

Qu'as-tu donc à regarder sans cesse les fenêtres de cette dame, chez qui tu es montée avant-hier ?

SUZANNE.

Mais, je ne regarde rien !

FEUILLANTIN, avec prière.

Ne mens pas, chérie ! Réponds, d'où vient cette sympathie que tu ressens pour... cette étrangère ?

SUZANNE.

Parce qu'elle ressemble au portrait que tu as placé dans ma chambre, au portrait de petite mère !

FEUILLANTIN.

Ah ! (Un silence.) Alors, si ta mère n'était pas morte... si elle te disait : viens avec moi !... que ferais-tu ?

SUZANNE.

Grand-père !

FEUILLANTIN.

De ta mère ou de moi, qui choisirais-tu ?

SUZANNE, naïvement.

Tous les deux !

FEUILLANTIN, souriant.

Petite folle !... Enfin, pour vivre avec cette mère, consentirais-tu à m'abandonner !

SUZANNE, lui sautant au cou.

Toi, jamais ! (Feuillantin a un cri de joie et la presse dans ses bras.)

UNE VOIX, criarde dans la rue.

Belles giroflées ! giroflées ! giroflées ! Fleurissez-vous, mesdames !

CHARANÇON, entrant.

SUZANNE, à part.

La bouquetière, je l'entends! (Elle se dirige vivement vers la porte.)

FEUILLANTIN, qui est descendu à l'avant-scène.

Où vas-tu donc, Suzanne ?

SUZANNE.

C'est Rose-Pompon qui m'appelle! Je reviens tout de suite! (Elle sort vivement.)

FEUILLANTIN, seul, prenant un plumeau et époussetant machinalement.

Que va faire Valéria ? Tiendra-t-elle sa promesse? Quittera-t-elle cette maison ou bien veut-elle m'infliger cet horrible supplice, d'être là, misérable, avili... coudoyé à tout instant par son amant, insulté par ses laquais? non! non! elle aura pitié! Elle partira!

SCÈNE VI

FEUILLANTIN, CHARANÇON, puis LEJARS.

CHARANÇON, entrant.

M. Feuillantin, je vous salue.

FEUILLANTIN.

M. Charançon! J'ai bien l'honneur... Qui vous amène ? Asseyez-vous donc!

CHARANÇON.

Merci bien. (A part.) Comme il est devenu aimable! ça tombe mal. (Haut.) Je viens... je viens pour nos loyers du 8... nos loyers du 8, qui n'ont pas été payés!... Vous les avez touchés... ce te fois-ci?...

FEUILLANTIN, embarrassé.

Oui! oui! j'ai là ceux des Ventillac, de madame Claude... (Il va à la petite table et dans un tiroir prend un vieux portefeuille duquel il tire des billets de banque.) Voulez-vous compter ?

CHARANÇON, prenant l'argent et comptant.

Vingt et vingt-cinq, quarante-cinq... soixante... cent dix... c'est très-bien ! Et les Leclerq?

FEUILLANTIN.

Pour ceux-là, voyez-vous, il faut être miséricordieux ! j'y
suis monté tout à l'heure...

CHARANÇON.

Et vous avez exigé que...

FEUILLANTIN.

Je n'ai rien pu exiger ! Le père Leclercq se meurt !

CHARANÇON, ému.

Ah ! il se meurt ! le pauvre homme... c'est très-triste, mais
ça n'est pas ma faute !... J'ai une maison : c'est pour qu'elle
me rapporte !... Je voudrais ne faire payer aucun locataire !... J'ai toujours envie de leur dire : « Ne me payez
pas !... » Mais je songe à mes vieux jours... aux enfants que
je pourrais avoir... et... et je les fais payer tout de même !
Remontez chez les Leclercq et exigez leur terme ! (Il se lève.)

FEUILLANTIN.

serait de la cruauté, monsieur !

CHARANÇON, à part.

De l'aplomb ! (Haut.) Vous refusez de monter chez eux !...
Eh bien ! voyez-vous, M. Feuillantin, veuillez en finir tout
de suite !

FEUILLANTIN.

Comment ? Je ne comprends pas.

CHARANÇON.

Vous n'êtes pas fait pour être concierge !... Vous êtes trop
bon...

FEUILLANTIN.

Mais, malgré vous, vous êtes bon aussi !

CHARANÇON.

Je suis excellent, mais je sais me contenir !

FEUILLANTIN.

Enfin, monsieur !

CHARANÇON.

Enfin !... enfin !... je ne peux pas vous garder comme portier ! Depuis trois semaines, du reste, vous n'êtes jamais à
votre affaire ! Je viens de visiter les escaliers. Ils n'ont pas
été balayés ! la cour est mal tenue ! Vous laissez étendre du
linge aux fenêtres ! On fait du bruit dans cette maison ! Tout
à l'heure votre angora a sauté cavalièrement sur mon dos
quand je suis entré... J'ai voulu le jeter à bas ! Il m'a griffé

l'oreille!... Décidément, vous ne pouvez plus faire mon affaire !

FEUILLANTIN.

Vous savez ma position ! Je n'ai pas de ressources, et le modeste emploi que j'occupe chez vous est le seul moyen que j'aie de faire vivre mon enfant et de vivre moi-même ! Si j'étais seul, peu m'importerait la misère ! (Souriant.) Je n'aurais pas d'ailleurs longtemps à la subir ! Mais elle, si jeune... si jolie... car elle est bien jolie!...

CHARANÇON, de plus en plus ému.

Charmante !

FEUILLANTIN, pleurant.

Et douce !...

CHARANÇON.

Et bonne !... (Il se mouche bruyamment pour cacher son trouble.)

FEUILLANTIN.

Allons! vous me gardez, n'est-ce pas ?

CHARANÇON.

Je vous garde! je vous garde! (Ici Lejars paraît au fond dans la cour.) je le voudrais; mais tous les locataires se plaignent de vous ?

FEUILLANTIN.

On ne renvoie pas ainsi un homme sans avoir des faits graves à lui reprocher?

CHARANÇON.

On en a peut-être !

FEUILLANTIN.

Dites-les donc!

CHARANÇON.

On dit que vous vous grisez !

FEUILLANTIN, avec hauteur.

On en a menti!

CHARANÇON, à part.

S'il pouvait être insolent !

FEUILLANTIN.

Me griser, moi! Ah cela ! à qui croyez-vous donc vous adresser, pour me jeter à la face une pareille injure ?

CHARANÇON.

Ne soyez donc pas si fier, si hautain... Si vous voulez le

fin mot, c'est votre orgueil qui est cause que je vous renvoie!
On ne connaît que vous ici, vous êtes le maître et moi on me
traite comme le premier venu! Je suis un ancien ouvrier,
moi, un ancien maçon et ça me porte sur les nerfs, à la fin,
d'avoir un portier qui prend toujours avec moi des airs de
grand seigneur!..

FEUILLANTIN.

Excusez-moi, monsieur, si ma fierté a pu parfois vous
blesser !

CHARANÇON.

Non! non! je suis résolu! Je vous ai déjà trouvé un remplaçant! parce que, voyez-vous, on n'est sûr de rien avec
un homme qui boit!

FEUILLANTIN, avec éclat.

Assez! monsieur, assez!... J'ai de la fierté, c'est vrai!...
Eh bien! cette fierté se révolte! (Il passe devant lui.)

CHARANÇON.

Et vous prétendez que vous ne buvez pas! Mais pour
qu'un portier ose parler ainsi à son propriétaire, il faut
qu'il soit pris de vin !

FEUILLANTIN, hors de lui.

Sortez! monsieur! sortez!

CHARANÇON.

Hein? Vous me mettez à la porte de chez moi! Vous deve-
nez risible!

FEUILLANTIN, passant la main sur son front, à lui-même.

Je suis fou! j'oublie toujours où je suis tombé!

CHARANÇON.

Après ce que vous venez de faire, vous n'espérez plus rien,
n'est-ce pas? Vous partirez, vous partirez, et enfin je serai
maître chez moi!...

FEUILLANTIN, avec déchirement.

Et Suzanne!... Oh!... j'aurais dû tout supporter pour
elle !

CHARANÇON, avec un retour de bonté.

Vous savez que vous avez vos huit jours pour aviser...
Malgré votre conduite, j'ai pitié de vous!

FEUILLANTIN, se redressant.

Je n'en veux pas, de votre pitié! Et de vos huit jours
non plus! Allez chercher mon remplaçant tout de suite!

Vous voulez que je parte, je partirai aujourd'hui, ce soir même!...

CHARANÇON.

Mais, qui gardera la maison?

FEUILLANTIN.

Le diable, si ça lui fait plaisir! Vous me chassez, très-bien! Je pars!

CHARANÇON, à part.

Ma foi, j'aime autant ça! Je vais retrouver Lejars. (Haut.) Ainsi, vous partez ce soir! Bonne chance! (Il sort.)

SCÈNE VII

FEUILLANTIN, seul, puis **ROSE POMPON**, **ERLISKA**, **CORINNE**, puis **SUZANNE** et **DIDIER**.

FEUILLANTIN, très-agité.

Au reste, j'aime mieux quitter cette maison, puisque Valérin ne la quitte pas! J'emmènerai Suzanne loin d'elle, je la cacherai, je la garderai... (Tombant dans le fauteuil.) Mais, que d'affronts, et se courber sous de pareilles hontes! (Il prend sa tête dans ses mains et se met à pleurer. — Rose-Pompon, Erliska et Corinne paraissent au fond. Elles tiennent derrière leur dos de gros bouquets.)

ROSE POMPON, à voix basse.

Il est seul!... Allons! (Elles s'approchent à bas bruit.)

ERLISKA.

Monsieur Feuillantin...

CORINNE.

Mon bon Feuillantin...

ROSE POMPON.

C'est aujourd'hui la Saint-Pierre!

FEUILLANTIN, relevant la tête et essuyant ses yeux.

Hein? Comment? Quoi donc? (Suzanne et Didier paraissent au seuil de la porte. Suzanne porte un bouquet plus gros que les autres. Tous deux regardent l'effet que produisent les autres.

ROSE POMPON, imitant le commandement militaire.

Apprêtez bouquets! Souhaitez fête! Feu! (Toutes ensemble montrent leurs bouquets.)

FEUILLANTIN, très-ému.

Oh! chers enfants! la Saint-Pierre... Ma fête! je n'y pensais guère! Et vous y avez songé! Mais Suzanne?...

DIDIER, venant avec Suzanne.

La voici!...

SUZANNE, courant s'agenouiller devant Feuillantin et plaçant son bouquet sur ses genoux.

Et voici mon bouquet!

FEUILLANTIN, l'embrassant.

Oh! chers amis! (Tirant du bouquet la montre de Didier.) Mais quelle est cette fleur de nouvelle espèce?

CORINNE.

Le cadeau de M. Didier! un véritable petit chef-d'œuvre!

FEUILLANTIN, tendant la main à Didier.

Oh! mais, c'est par trop charmant! Je ne sais comment vous remercier! Je ris, je pleure en même temps.

ERLISKA.

Ah! dame, quand on a un concierge comme vous dans une maison, on ne saurait trop le choyer!...

ROSE POMPON.

Vous êtes peut-être le dernier de l'espèce!

CORINNE.

Et nous tenons à vous conserver!

FEUILLANTIN.

Eh bien! mes amis, bientôt vous ne l'aurez plus, votre vieux portier!

DIDIER.

Comment cela?

FEUILLANTIN.

On me renvoie! on me chasse!

SUZANNE.

Ah! que dis-tu?

FEUILLANTIN.

Des fourbes, des ca'omniateurs m'enlèvent mon abri, mon

pain... (Il reste un moment ainsi, ayant Suzanne à ses pieds, Didier près de lui, les jeunes filles groupées à ses côtés.)

ROSE POMPON, après un silence.

Oh! mais, nous ne vous laisserons pas partir!

FEUILLANTIN.

On m'a chassé! (Se levant.) Et ce soir même, je quitterai cette maison!...

SUZANNE, qui s'est levée à son tour.

Oh! mais, c'est impossible! Où irons-nous?

FEUILLANTIN.

Le bon Dieu nous guidera!

ROSE POMPON.

Oh! mais, ça ne va pas se passer comme ça!... Mesdemoiselles, nous allons monter à tous les étages!... Nous révolutionnerons la maison, et les locataires iront déclarer à M. Charançon que, si M. Feuillantin s'en va, tout le monde déménage!...

ERLISKA et CORINNE.

C'est ça!...

FEUILLANTIN.

Je vous en prie, laissez-moi partir! il le faut, je le veux!

CORINNE.

Ta! ta! ta!... Venez, mesdemoiselles! venez!

ROSE POMPON.

Allons semer la discorde! (Elles sortent toutes trois bruyamment.

SCÈNE VIII

LES MÊMES, moins ROSE POMPON, ERLISKA et CORINNE.

FEUILLANTIN.

Monsieur Didier, pouvez-vous me rendre le service d'aller me chercher le commissionnaire... le père Germain?

DIDIER.

Votre résolution est irrévocable?

FEUILLANTIN.

Oui! oui! on m'a insulté! Et puis, j'ai peur en cette mai- ·

son, maintenant! Allez me chercher le père Germain. Qu'il
vienne avec une voiture à bras, n'est-ce pas? Suzanne et
moi, nous allons faire nos paquets, qui ne seront pas longs à
faire!

DIDIER.

Je reviens à l'instant! (Il sort.)

SCÈNE IX

FEUILLANTIN, SUZANNE, puis DIDIER.

FEUILLANTIN, regardant autour de lui.

Par où commencer? (Ouvrant la porte de gauche.) Ah! la chambre de Suzanne d'abord!... (Réfléchissant.) Le petit secrétaire...
Je passerai tout cela par l'autre porte! Allons! (Il entre dans la
chambre de Suzanne.)

SUZANNE, qui a décroché silencieusement la cage.

Partir! Ne plus la revoir, cette belle dame qui ressemble
tant... à ma mère!... Abandonner cette maison où j'ai été si
heureuse! Cette maison où je l'ai connu, lui! où je l'ai aimé!...
(Elle fait un paquet des livres qu'elle a tirés de l'armoire.)

FEUILLANTIN, rentre portant un panier qu'il pose à terre. Alors il va à
la cheminée, qu'il débarrasse de ses objets : pendule, flambeaux, petits cof-
frets, etc. Il range le tout dans le panier.

Ah ça! pourquoi pleures-tu, petite?

SUZANNE, le cœur gros et tout en mettant les flambeaux dans le panier.

Je ne pleure pas, grand-père!

FEUILLANTIN, achevant de remplir le panier.

Ne t'inquiète pas! Je trouverai peut-être du travail ailleurs! (Il traîne le panier dans un coin.) Tu aurais voulu rester
toujours dans cette maison?

SUZANNE.

Oui; mais du moment que je pars avec toi...

FEUILLANTIN, revenant vers elle et la serrant contre son cœur.

Si tu pars avec moi? Je crois bien! Et qui donc pourrait
t'empêcher de me suivre?...

DIDIER, rentrant par le fond.

Le père Germain va venir dans un moment avec la voiture...

FEUILLANTIN.

Merci, mon cher Didier, merci!... En ce cas, je n'ai que le temps de faire mes derniers paquets. (Il entre à gauche.)

SUZANNE.

Vous restez ici, vous, monsieur Didier?

DIDIER.

Moi, grand Dieu! Vivre en cette maison où vous ne seriez plus? Oh! non, Suzanne... je vais sur-le-champ signifier mon congé. (Il se met à écrire sur la table de droite. Feuillantin rentre avec un paquet.)

FEUILLANTIN.

Qu'écrivez-vous donc là, monsieur Didier?

DIDIER.

Mon congé, monsieur Feuillantin!

SUZANNE.

Il part avec nous!

FEUILLANTIN.

Ah! c'est bien, cela! (On voit en ce moment entrer dans la cour le père Germain traînant une petite voiture.)

DIDIER.

Ah! voici la voiture! (Le commissionnaire place la voiture devant la porte de la loge dans la cour et entre. — Suzanne sort par la gauche.)

SCÈNE X

LES MÊMES, LE PÈRE GERMAIN.

LE PÈRE GERMAIN.

Comment! monsieur Feuillantin, c'est vous qui déménagez?

FEUILLANTIN.

Oui, père Germain, oui, je déménage!

LE PÈRE GERMAIN.

Vous partez de vous-même, pas vrai?

FEUILLANTIN.

Non! non! on me chasse!

LE PÈRE GERMAIN.

Ça me fait de la peine, ça !

DIDIER.

Je vais vous aider, monsieur Feuillantin !

FEUILLANTIN.

J'accepte, monsieur Didier... j'accepte... Plus tôt nous quitterons cette maison, mieux cela vaudra ! (Didier met dans un panier les objets de l'armoire.)

SUZANNE, rentrant. — Elle vient montrer à Feuillantin un petit portrait qu'elle tient à la main.

Et ce portrait, ne veux-tu pas l'emporter ?

FEUILLANTIN.

Ce portrait ?

SUZANNE.

C'est celui de ma mère !

FEUILLANTIN, tenant le portrait avec émotion.

Comme elle était jolie ! Comme elle avait l'air candide ! (Le rendant à Suzanne.) Tu le porteras, toi ! Tu le cacheras sous la mante !

SUZANNE.

Oui ! près de mon cœur !

FEUILLANTIN.

Père Germain, j'ai préparé les meubles dans l'autre chambre. Grâce au ciel, tout sera bientôt fini. Hâtons-nous, mes enfants... Hâtons-nous !... (Tout le monde se remet à la besogne avec activité. — Suzanne pose le portrait sur la cheminée. — Entrée de Valéria.)

SCÈNE XI

LES MÊMES, VALÉRIA, LEJARS, dans un coin, FLORA.

VALÉRIA.

Un moment, je vous prie.

FEUILLANTIN.

Que me voulez-vous ?

VALÉRIA.

Je viens d'apprendre à l'instant que vous partiez et que vous emmeniez Suzanne... Je viens m'opposer à ce départ!

FEUILLANTIN.

Je ne vous comprends pas !

VALÉRIA.

Pardonnez-moi si je vous parle ainsi, pardonnez-moi, si je puis oublier le respect que je vous dois, mais je n'ai pas eu la force de tenir la promesse que je vous ai faite ! Maintenant que je l'ai vue, vivre loin d'elle m'est impossible.

FEUILLANTIN.

Encore une fois, je ne vous comprends pas !

VALÉRIA.

Suzanne est ma fille ! Voilà douze ans que vous veillez sur elle, je le sais... Mais aujourd'hui je revendique mes droits ! Suzanne, Suzanne!... Vous ne partirez pas, demeurez, c'est votre mère qui vous l'ordonne !

SUZANNE, avec émotion.

Ma mère !

FEUILLANTIN, à mi-voix à Valéria.

Sa mère est morte !... Vous ne pouvez être sa mère ! Une mère n'abandonne pas son enfant !... Et vous l'auriez donc abandonnée ? (Il remonte furieux. Valéria s'élance vers Suzanne.) Non, vous n'êtes pas sa mère !...

SUZANNE, très-émue.

Mon Dieu !

VALÉRIA, venant à Suzanne et lui saisissant les mains.

Suzanne, mon enfant! Vois mes regards pleins de tendresse... Sens donc comme mes mains pressent les tiennes ! Regarde-moi ! regarde-moi donc !

SUZANNE.

Ah ! ma mère !

VALÉRIA, triomphante.

Eh bien ! vous voyez! elle m'a appelé sa mère.

FEUILLANTIN, éperdu, montrant Suzanne dans les bras de Valéria.

Suzanne, dans ses bras et qui ne me voit plus ! et qui ne m'entend plus !

SUZANNE.

Ah ! grand-père ! pardon ! pardon !

FEUILLANTIN, à Valéria.

Ah! fille cruelle! Tu ne m'as pas déjà assez fait souffrir, tu veux m'accabler à jamais en me ravissant cette enfant qui était ma seule consolation, mon seul espoir!...

VALÉRIA, à mi-voix se rapprochant.

Mon père, je vous dis que je l'aime, entendez-vous! que je l'aime aujourd'hui plus que tout au monde, je vous dis qu'il me la faut!

FEUILLANTIN.

Elle n'est plus ta fille, te dis-je, et n'appartient qu'à moi!

SCÈNE XII

LES MÊMES, SOURISSET et LEJARS.

VALÉRIA.

Mon père, ne me forcez pas à invoquer la rigueur des lois, en faisant appeler les magistrats.

FEUILLANTIN.

Un pareil scandale! Vous oseriez!...

VALÉRIA.

J'oserai tout pour reprendre ma fille!

FEUILLANTIN.

Oh! mon Dieu! Si je veux la garder : un procès... les tribunaux... Et devant ces tribunaux que de hontes dévoilées!.. Oh! non! pour l'honneur de la famille, je dois me soumettre, je dois me courber!

SUZANNE, qui se raidit contre son émotion, faisant un mouvement vers lui.

Oh! grand-père, je ne veux pas te quitter!

FEUILLANTIN, avec des larmes.

Mais si, pauvre enfant, il faut que tu me quittes! puisque ta mère veut te reprendre! J'ai travaillé pour toi, je t'ai donné toute ma vie. Mais est-ce que cela compte! Est-ce que je puis quelque chose! Oh! loi impitoyable! loi inhumaine! (Puis l'abandonnant.) Adieu! (A Valéria en remontant.) Allons! emmenez-la, madame, la loi est pour vous et je suis vaincu! (Il va tomber accablé sur une chaise au fond à droite. Suzanne pousse un cri étouffé et tombe évanouie dans les bras de Valéria.)

VALÉRIA.

Suzanne ! évanouie ! (A Flora.) Demande du secours ! Vite ! bien vite ! (Flora cour au fond, fait un signe. Sourisset entre vivement ainsi que Lejars.)

LEJARS, bas à Valéria.

Mais emmenez-la donc, emmenez-la donc ! (Il soutient Suzanne. Valéria s'éloigne.)

VALÉRIA.

Mon père, vous avez votre place chez moi.

FEUILLANTIN.

Chez vous !... (Sous le regard de son père, Valéria s'éloigne.)

SCÈNE XIII

FEUILLANTIN, LE PÈRE GERMAIN.

FEUILLANTIN.

Seul !... Tout seul !... (Le père Germain rentre et du geste demande à Feuillantin ce qu'il doit faire.)

LE PÈRE GERMAIN.

Eh ! bien, monsieur Feuillantin, l'autre arrive avec ses meubles.

FEUILLANTIN.

Ah ! oui : mon remplaçant... Eh bien ! père Germain, il faut finir notre déménagement !... (Il prend la tapisserie.) Vieille tapisserie, qui ornait la salle basse du château de mes aïeux !... Il y a là-dessus, je crois, le portrait d'un grand père à moi, qui se battit toute sa vie et se couvrit de gloire ! Gloire et splendeur, à la charrette ! (Le père Germain porte le paquet dans la petite voiture. Feuillantin prend un coffret dans le placard.) Mes titres nobiliaires... mes croix... noblesse et honneurs, à la charrette !... (Il donne le coffret à Germain.) A ton tour, mon vieux fauteuil. Mon père s'assit maintes fois sur toi ! Sur toi, ma jeune femme, belle et souriante, aimait à sommeiller ! Sur toi, je m'assis pour bercer ma Suzanne, lorsqu'elle vint au monde ! Souvenirs et regrets, à la charrette !..

(Il porte avec Germain le fauteuil sur la voiture. — Apercevant sur la cheminée le portrait.) Ce portrait ! (Il le jette à terre et va le broyer sous son pied... Il aperçoit les fleurs de Suzanne.) Ah ! ces fleurs ! Elles sont tombées de ses mains... (Il les ramasse.) Sur mon cœur !... Adieu ! pauvre demeure, où j'oubliais... où je respirais le bonheur !... Vous pleurez, père Germain !... ne pleurez pas... Et allons nous-en ! allons-nous-en !

LE PÈRE GERMAIN.

Et où allons-nous, monsieur Feuillantin ?

FEUILLANTIN, avec des sanglots.

Ça m'est bien égal, puisqu'ils m'ont pris ma fille !... (Il prend sa canne et son chapeau, fait un signe au père Germain qui va s'atteler à la petite voiture, et, au moment où il va se mettre en marche, Feuillantin la montre et dit :) Le convoi du pauvre !

ACTE QUATRIÈME

Chez Valéria. Un grand salon. Glace dépolie au fond, surmontant une cheminée et par laquelle on aperçoit d'autres salons. A droite et à gauche, au fond, portes; à droite, 1er plan, petite porte dérobée dissimulée sous une tapisserie. A gauche, fenêtre. Pouff, causeuse, chaises, etc.

SCÈNE PREMIÈRE

SOSTHÈNE, FLORA, MADAME DE CORNEVAL, Quelques Invités, puis SOURISSET et CHARANÇON.

(Flora rajuste la coiffure de la Corneval, en toilette de bal excentrique. Sosthène, en grande livrée, circule au fond, chargé d'un plateau, au milieu des invités qui vont et viennent.)

FLORA.

Cette fois-ci, madame n'a plus rien à craindre! Si sa coiffure se dérange, j'y perds mon nom!...

MADAME DE CORNEVAL.

Merci!... Flora. Dis donc, depuis quand Valéria a-t-elle sa fille ?

FLORA.

Depuis six semaines...

MADAME DE CORNEVAL.

Comme elle est pâle! Elle peut à peine se tenir, la pauvre enfant !

FLORA.

Elle a été très-malade! Les médecins craignaient même pour sa raison!

MADAME DE CORNEVAL.

Mais enfin, où était-elle, cette petite?

FLORA.

Madame ne sait pas? Elle était chez son grand-père, le portier...

MADAME DE CORNEVAL.

Le portier! comprends pas!...

SOURISSET, en grande livrée, paraissant avec Charançon, en toilette de bal très-prétentieuse.

Venez par ici, monsieur; je vais vous annoncer.

CHARANÇON, qui ne sait comment se tenir.

Ah! merci, monsieur! Non! je veux dire... merci, mon ami.

MADAME DE CORNEVAL, bas à Flora.

Qu'est-ce que ce monsieur?

FLORA.

C'est M. Charançon, le propriétaire.

MADAME DE CORNEVAL.

Un propriétaire! (Saluant Charançon.) Monsieur!

CHARANÇON, saluant gauchement.

Madame! (A part.) Dieux, que mes souliers me gênent!

MADAME DE CORNEVAL.

Charmante soirée, n'est-ce pas, monsieur?

CHARANÇON.

J'arrive, moi, madame! C'est un satané maître-maçon qui m'a tenu jusqu'à cette heure avec ses comptes... car il faut vous dire : je suis entrepreneur de bâtisses.

SOSTHÈNE, qui est venu jusqu'à Charançon, lui présentant un plateau.

Monsieur...

CHARANÇON, à part, flatté.

Je suis à peine entré et on m'offre déjà quelque chose! (Prenant une glace, à part.) Voilà des gens polis, au moins, bien plus polis que mon ancien portier...

MADAME DE CORNEVAL.

C'est dans la maçonnerie que vous avez, sans doute, amassé cette fortune si renommée ?

CHARANÇON.

Oui ! madame, parce qu'il faut vous dire... j'ai perfectionné le ciment romain... oh ! mais voyez-vous, ce qui peut s'appeler perfectionné, et j'ai trouvé un système de brique réfractaire... oh ! mais un système !

MADAME DE CORNEVAL.

Que d'ouvriers vous avez dû occuper dans votre vie !

CHARANÇON.

Oh ! des masses ! des masses... (A part.) Dieux ! que j'ai mal aux pieds... (Haut.) Ce sont ces pauvres gens qui m'ont amassé ma fortune ! Ah ! je peux dire que j'ai gagné cette fortune-là à la sueur du front de tout le monde ! Quelquefois ça me faisait mal de les voir travailler comme ça pour moi ! j'avais toujours envie de leur dire : « En voilà assez !... ne travaillez donc plus ! » Et puis, je pensais à mes vieux jours, aux enfants que j'aurais pu avoir... et je continuais à les accabler de besogne !

SOURISSET, qui est demeuré immobile.

Quand monsieur voudra que je l'annonce ?

CHARANÇON.

Mille pardons, monsieur ! (Se reprenant.) Non ! je veux dire mon ami ! M. Lejars n'est pas encore arrivé peut-être ?

SOURISSET.

Non, monsieur ! pas encore... (A part.) Heureusement !

CHARANÇON.

C'est lui qui m'a fait inviter... il a voulu que je vienne ! je suis venu ; je ne puis rien refuser à M. Lejars.

MADAME DE CORNEVAL.

Venez donc dans le grand salon...

CHARANÇON, à part, regardant madame de Corneval, qui fait des minauderies.

Comme elle me sourit ! Je suis à peine arrivé et les femmes me sourient déjà, qu'est-ce que ce sera donc plus tard ? (Il se dirige avec la Corneval vers le fond.)

SOURISSET, du fond, à droite, annonçant.

Monsieur Charançon.

CHARANÇON.

Dieux ! que mes souliers me gênent... (Il disparaît avec madame de Corneval.)

SCÈNE II

SOURISSET seul, puis SOSTHÈNE et FLORA.

SOURISSET, seul, à lui-même.

Je ne peux pas le voir en face, ce Charançon ! Les amis de M. Lejars, je les voudrais tous au fond d'une mare !

SOSTHÈNE, paraissant.

Que fais-tu là, Jocrisse ?

SOURISSET, très-aimable.

Pas Jocrisse, Sourisset, Anasthase Sourisset...(A part.) Pourquoi donc qu'il m'appelle toujours Jocrisse ?

FLORA, qui est rentrée également.

Tu es rouge comme un coq !...

SOSTHÈNE.

Est-ce que l'une de ces dames aurait voulu t'embrasser ?

SOURISSET.

Jamais !... C'est Charançon qui m'a rendu comme ça !

FLORA.

Qu'est-ce qu'il t'a fait ?

SOSTHÈNE.

Est-ce qu'il t'a mordu ?

SOURISSET.

Oh, non ! mais quand je vois ce gros ventru... qui a mis à la porte ce brave M. Feuillantin...

FLORA.

Encore le portier ?

SOSTHÈNE.

Est-ce que tu ne vas pas nous laisser en repos avec ton pipelet ?

SOURISSET.

C'est égal, ce pauvre vieux à qui on reprend sa petite-fille... son seul bonheur...

FLORA.

Elle est bien plus heureuse ici qu'avec lui!...

SOSTHÈNE.

Ici, au moins, on voit du monde!...

SOURISSET.

Et du joli!...

FLORA.

Ici, au moins, quand on est jeune et belle, on est sûre...

SOSTHÈNE.

De trouver un acquéreur!...

SOURISSET.

S'il vous plaît?

SOSTHÈNE, riant.

Rien!...

SOURISSET.

Avec ça que ça lui a fait plaisir de quitter sa jolie petite loge, son bon grand-père, à mademoiselle Suzanne! A preuve que, depuis trois semaines, elle est dans un état!... Je vous dis, moi, qu'elle souffre et qu'elle meurt de chagrin de ne pas voir M. Feuillantin!...

SOSTHÈNE.

Tu as deviné cela, toi!...

SOURISSET.

Oui! j'ai deviné ça! parce que, moi, je suis un malin!

SOSTHÈNE.

Tu fais bien de nous le dire. (Cotignac et Truffard, qui ont paru au fond, entrent à ce moment en scène par la droite, Sosthène reprend son plateau qu'il a posé sur une console et le leur présente.)

TRUFFARD, avalant coup sur coup plusieurs verres de punch.

Vous n'avez pas des massepains, des macarons, des petits fours, en attendant le souper?

SOSTHÈNE.

Sourisset, allez chercher un plateau de pâtisseries! (Il sort avec Flora.)

SOURISSET.

C'est drôle, faut toujours que je fasse tout! (Il sort à son tour.)

SCÈNE III

COTIGNAC, TRUFFARD, puis SOURISSET, puis MONT-
CORBEL.

COTIGNAC.

Vous avez donc toujours faim, Truffard ?

TRUFFARD.

Oui, mon cher Cotignac... j'ai un estomac merveilleux !
Ainsi j'ai dîné au Café-Anglais, j'ai absorbé des filets de sole
à la purée d'ananas, une poularde du Mans à la périgourdine,
des épigrammes d'agneau à...

SOURISSET, qui a reparu avec un plateau, le présentant à Truffard.

V'là les massepains !

TRUFFARD.

Ah ! merci ! (Il saisit des gâteaux qu'il dévore.)

COTIGNAC.

Mon cher Truffard, je vous prédis quelque jour une bonne
indigestion qui vous enverra rejoindre tous les goinfres
passés !

TRUFFARD, la bouche pleine.

Mon cher Cotignac, le poulet qui doit me tuer n'est pas
encore pondu !...

COTIGNAC, s'asseyant.

Avez-vous remarqué, très-cher, comme cette maison est
changée depuis que Valéria a retrouvé sa fille ?...

TRUFFARD, à mi-voix.

Voulez-vous mon avis : eh bien ! cette maison est devenue
impossible !

COTIGNAC.

On ne s'y amuse plus du tout !

TRUFFARD.

Dès qu'on dit un mot un peu leste, Valéria vous fait des
yeux... Si elle pouvait boucher les oreilles de sa fille...

COTIGNAC.

Morbleu ! quand on ne veut pas qu'une enfant soit exposée
à entendre ou même à voir certaines choses, surtout quand
on s'appelle Valéria, on mène son enfant partout excepté
chez soi !

TRUFFARD.

Et Montcorbel ! quelle est sa situation ici !

COTIGNAC.

Sa situation ! celle d'un pauvre fou pris dans un piége,
d'où il ne peut se tirer.

TRUFFARD.

Le voici !

SCÈNE IV

LES MÊMES, MONTCORBEL.

COTIGNAC, allant vers Montcorbel.

Très-cher, arrivez donc...

TRUFFARD, prenant la main de Montcorbel.

Votre main brûle comme du feu !...

MONTCORBEL.

C'est la fièvre du jeu, mon cher !...

COTIGNAC.

Et pourquoi quittez-vous le baccarat ?

MONTCORBEL.

Voilà deux heures que je joue... croyez-vous que je n'ai
pas passé une seule fois !...

TRUFFARD.

Malheureux au jeu...

MONTCORBEL, l'interrompant.

Oui, je sais !...

COTIGNAC.

Pourquoi jouer sans cesse ?

MONTCORBEL.

Pourquoi ? Parce que le jeu seul peut aujourd'hui me faire

oublier! Oui! je joue!... et je ne suis heureux que lorsque ma fièvre devient du délire! Alors les cartes s'animent, les chiffres du tapis vert prennent forme humaine, et tout cela parle, tout cela se meut, tout cela m'enivre! Alors, que le ciel tombe, que le soleil s'éteigne, que le monde s'anéantisse! que m'importe!...

TRUFFARD.

Et vous perdez toujours?

MONTCORBEL, avec colère.

Toujours!... Ah!... Le jeu me coûte cher, mais au moins, lorsque j'ai les cartes en main, je ne pense plus à autre chose!

COTIGNAC.

Vous souffrez?

MONTCORBEL.

Beaucoup!... mais bast! jusqu'à ma dernière heure, je jouerai! Alors, je ferai mon dernier banquo! Si je gagne, j'irai au séjour des élus! si je perds, j'irai au diable! (A Sosthène qui reparaît avec un plateau.) Donne-moi du punch!...

SOSTHÈNE, présentant le plateau à Truffard et à Cotignac.

Messieurs...

TRUFFARD, prenant un verre de punch.

Pour vous tenir tête, cher ami!... (Sosthène s'éloigne.)

COTIGNAC, à Montcorbel.

Parions, mon tout bon, que c'est notre belle Valéria qui jette en votre cœur ce profond découragement!

MONTCORBEL.

Eh oui! c'est elle!... Aujourd'hui, dans cette maison, je suis comme vous, mes amis, un étranger, un invité... un monsieur que l'on convie à ses soirées, à ses bals!... Valéria est là, à quelques pas de moi, plus belle que jamais... Elle est à moi, cependant, c'est mon bien!... Et lorsque je veux seulement serrer ses mains, son regard me supplie de ne pas faire comprendre à Suzanne ce qui s'est passé entre nous. Aujourd'hui elle a peur de moi... elle tremble même lorsque la robe de sa fille peut me frôler au passage!...

COTIGNAC.

Mon cher, les femmes ont tous les caprices!... Elle veut être mère quelque temps... Laissez-lui s'offrir cette petite distraction! Elle vous reviendra! elle vous reviendra!

TRUFFARD.

La voici... La jolie Suzanne marche à ses côtés...

COTIGNAC, riant.

C'est curieux tout de même ! Amener dans un pareil pur-
gatoire un tel ange !...

SCÈNE V

LES MÊMES, VALÉRIA, SUZANNE, QUELQUES INVITÉS,
SOSTHÈNE, SOURISSET.

(Valéria est en toilette de bal ; Suzanne toute en blanc. Elle est pâle comme
une morte. Elle s'appuie sur sa mère. — Sosthène et Sourisset passent
avec les rafraîchissements.)

VALÉRIA, à Suzanne.

Viens te reposer un peu, ma fille ! (Elle la fait asseoir sur la
causeuse.)

TRUFFARD et COTIGNAC, venant les saluer.

Mesdames !...

VALÉRIA.

Bonsoir, messieurs !...

COTIGNAC.

Cette fête nous comble de joie, madame, car elle célèbre le
rétablissement de mademoiselle Suzanne.

VALÉRIA.

Merci, messieurs. Elle est encore bien pâle, mais elle va
mieux ! (A Suzanne.) N'est-ce pas ?

SUZANNE.

Oui, ma mère ! (A voix basse.) Seulement, je préférerais me
retirer en ma chambre !

VALÉRIA, suppliante.

Pas encore ! je t'en prie ! Tu es si jolie ainsi, que je ne puis
me rassasier de te regarder !

MONTCORBEL, qui s'est approché, à Truffard et à Cotignac.

Voyez-les donc, avec leurs mains enlacées, leurs regards
qui se confondent...

SOURISSET, paraissant et annonçant avec difficulté.

Monsieur... monsieur Lejars. (Mouvement de Montcorbel.)

SCÈNE VI

LES MÊMES, LEJARS, puis CHARANÇON et
MADAME DE CORNEVAL.

(Lejars paraît. — Il est en toilette de bal.)

SUZANNE, bas à Valéria.

Pourquoi le recevez-vous? Grand-père ne l'aimait pas !

VALÉRIA.

Je dois le recevoir, ma fille... de grands services qu'il m'a
rendus... (Allant vers Lejars.) Vous êtes en retard, monsieur
Lejars !

LEJARS, baisant la main de Valéria.

Pardonnez-moi... (Allant vers Suzanne et saluant.) Mademoiselle...

SUZANNE, contrainte.

Monsieur...

LEJARS, bas à Valéria.

Elle semble encore un peu souffrante. (Allant à Montcorbel.)
Monsieur le comte...

MONTCORBEL, à voix basse.

Cela m'étonnait de ne pas vous voir, monsieur Lejars !

LEJARS.

Je n'aurais en garde de manquer...

MONTCORBEL.

Je le crois ! (A ce moment Charançon paraît. Il a à son bras madame de Corneval.)

CHARANÇON, continuant une conversation.

Mon Dieu, oui ! la brique réfractaire...(Apercevant Lejars.) Monsieur Lejars, serviteur !... (La Corneval quitte son bras et va causer
avec Valéria et Suzanne.)

LEJARS, à mi-voix.

Déjà fêté par toutes ces dames ! ce que c'est que d'être
propriétaire !

CHARANÇON, même jeu.

D'tes donc, ce sont des femmes du monde ?...

LEJARS, ironiquement.

Oui! oui! oh! de tout le monde! (Changeant de ton.) Vous
amusez-vous ?

CHARANÇON.

Beaucoup, seulement ce sont mes souliers qui me gênent !
(Il s'éloigne avec Lejars.)

MONTCORBEL, qui a amené Valéria à l'écart, à voix basse.

Valéria, ici, à deux pas de moi, allez-vous donc toujours
trouver ainsi moyen de m'éviter ?

VALÉRIA, même jeu.

Mon ami, pardonnez-moi !... mais pour Suzanne, je dois...

MONTCORBEL, d'une voix tremblante.

Trahir vos serments, n'est-ce pas ?

VALÉRIA, suppliante.

Non ! mais je vous en prie, taisez-vous... Suzanne nous regarde !

MONTCORBEL.

Valéria, cette situation n'est plus tenable !

VALÉRIA, étouffant un cri.

Roger !...

SUZANNE, quittant la causeuse où elle est assise et sur laquelle Lejars
était venu s'appuyer.

Mère, qu'as-tu donc ?

VALÉRIA, entourant de son bras la taille de la jeune fille.

Rien ! rien, ma chérie !...

MONTCORBEL, avec un sourire forcé.

Votre mère, mademoiselle, me disait qu'elle vous aimait
plus que tout au monde et que pour vous elle serait prête à
tout sacrifier ! (Appuyant sur les mots et fixant son regard sur Valéria.)
N'est-ce pas, madame ?

VALÉRIA, après un moment d'hésitation, d'une voix sourde.

Oui ! (Montcorbel a un geste de fureur. — A ce moment la musique
du bal retentit.)

MADAME DE CORNEVAL, qui causait au fond dans un groupe.

Le prélude du quadrille ! (A Charançon.) Monsieur Charançon,
dansez-vous ?

CHARANÇON.

Très-mal, madame ! (A part.) Elle est trop aimable avec moi :
elle m'inquiète ! (Il offre son bras à la Corneval. — Tous deux sortent avec d'autres invités. Sourisset reparaît à ce moment et semble chercher une occasion pour se rapprocher de Suzanne.)

LEJARS, qui est venu vers Montcorbel, lui désignant Suzanne, à voix basse.

Vous la haïssez, n'est-ce pas?

MONTCORBEL.

Je la hais !

LEJARS, lui prenant le bras , d'un ton léger.

Venez donc faire un banquo!.. (Il s'éloigne avec Montcorbel.)

VALÉRIA, quittant Suzanne et rejoignant Lejars.

Monsieur, un mot ! (Elle parle tout bas à Lejars.)

SOURISSET, accourant vers Suzanne, à voix basse et brève.

Mademoiselle, dans quelques instants, quittez le bal, revenez ici !

SUZANNE.

Expliquez-vous !...

SOURISSET.

Je n'ai pas le temps ! mais revenez, revenez! (Il s'esquive au moment où Valéria revient vers sa fille.)

VALÉRIA.

Viens, Suzanne! on nous attend! (Elle s'éloigne avec Suzanne et rejoint quelques invités qui passent à ce moment dans les salons. Sourisset reparaît alors.)

SCÈNE VII

SOURISSET seul, puis SUZANNE.

SOURISSET, très-ému.

Mes jambes flageolent! C'est que si ce gredin de Sosthène se doutait de quelque chose... Ce sont ces portes qu'il faudrait fermer !.. Tant pis je les ferme !.. (Il va aux portes du fond, les referme doucement puis revient à la petite porte dérobée et soulève la tapisserie. Une porte se rouvre au fond, Suzanne reparaît.)

SUZANNE, venant à Sourisset.

Eh bien ! que me voulez-vous ?

SOURISSET.

Je viens vous faire plaisir, mademoiselle!... Vous seriez contente de revoir...

SUZANNE.

Mon grand-père!...

SOURISSET.

Non! M. Didier!

SUZANNE.

Didier! Oh oui ! mon Dieu !...

SOURISSET, à part.

Elle m'appelle son Dieu! (Haut.) Eh bien! écoutez, je suis un peu sorcier, moi! Ça vous rendra bien heureuse, n'est-ce pas? (Soulevant la tenture et montrant la porte.) Eh bien! monsieur Didier, paraissez!

SCÈNE VIII

LES MÊMES, DIDIER. Il paraît au seuil de la petite porte. Il est pâle. Costume très-simple.

SUZANNE, lui prenant les mains.

Vous!.. oh! vous êtes venu! que c'est bien! (A Sourisset.) Et vous, mon ami, vous l'avez amené... Oh! que vous êtes bon!...

SOURISSET, très-ému.

Oui! je suis bon! C'est ce que papa Sourisset disait toujours : « Anasthase, il est bon! »

DIDIER.

Ce brave garçon s'est intéressé à nous, mademoiselle... Il m'a rencontré souvent dans l'escalier, pleurant, désespéré... Il a vu M. Feuillantin errer dans la rue... et l'idée lui est venue de m'amener vers vous, pour vous parler de votre grand-père et... (Très-oppressé.) Mais pardonnez-moi, les larmes me suffoquent!

SUZANNE.

Vous m'en voulez de tout cela?

DIDIER.

Non! Vous avez obéi à votre mère!.. vous l'avez suivie! Ce n'est pas pour moi que je viens, car, je le sais, je n'ai plus rien à espérer et vous êtes à jamais perdue pour moi!..

SOURISSET, à part, de plus en plus ému.

Pauvre garçon !

SUZANNE.

Non ! Didier, je ne suis pas perdue pour vous !

DIDIER.

Je viens donc pour M. Feuillantin... Depuis huit heures du soir il est dans la rue, regardant les voitures arriver... les yeux fixés sur les salons resplendissants de lumières ! J'étais près de lui et certes les accords de l'orchestre qui venaient jusqu'à nous répondaient à nos larmes d'une étrange façon... Il est donc dans la rue, et il voudrait bien vous voir un instant, un seul, à l'une des fenêtres !... Voilà ce que je viens vous demander !..

SOURISSET, qui a ouvert sans bruit la fenêtre de gauche.

Venez, mademoiselle !..

DIDIER, conduisant Suzanne à la fenêtre.

Oui ! venez vous montrer à lui !

SUZANNE, à la fenêtre.

La pluie tombe, et il est là... immobile, le front haut... malgré sa douleur !..

DIDIER.

Sa fierté seule le soutient !

SUZANNE.

Il m'a vue !.. Il se rapproche !.. (Parlant à la cantonade). Oui ! c'est moi, grand'père, c'est ta petite fille qui est là ! (Lui envoyant des baisers.) Tiens !.. c'est mon âme que je t'envoie dans ce baiser !.. (Eclatant en sanglots.) Ah ! pourquoi n'a-t-il pas voulu venir ici ?

SOURISSET.

Il faut refermer cette fenêtre, car on pourrait venir !

SUZANNE.

Laissez-moi le regarder encore !... Grand'père, pardonne-moi... Elle est ma mère et je te jure qu'elle m'aime ! (Didier entraîne doucement Suzanne. Sourisset referme la fenêtre avec précaution.)

DIDIER.

Adieu, Suzanne ! je vais le rejoindre ! Retournez dans le bal, retournez au plaisir !..

SUZANNE, lui saisissant les mains.

Emmenez-moi ! Je veux partir !

SOURISSET, bas.

Vous ne pouvez pas! Votre mère!

SUZANNE, tombant en larmes sur la causeuse.

Ah! c'est vrai! je ne puis pas la quitter!

SOURISSET, prêt à fondre en larmes.

Mais ne pleurez donc pas comme ça! (A Didier.) Et vous aussi, vous pleurez!... Voyons, mamzelle, voyons, monsieur Didier, soyez donc hommes tous les deux!..

DIDIER, qui a jeté un regard à travers la glace du fond.

On vient!

SOURISSET, à Didier.

Allons, sauvez-vous... je vais vous reconduire par le même chemin... venez.

DIDIER.

Adieu! Suzanne! adieu! (Il sort vivement avec Sourisset par la porte dérobée, que Sourisset referme derrière lui.)

SUZANNE, faisant un mouvement comme pour s'élancer sur les traces de Didier.

Ah! Didier! (Retombant épuisée.) Je meurs!

SCÈNE IX

SUZANNE, puis FLORA.

FLORA, entrant brusquement par le fond et venant à Suzanne.

Ah! -mademoiselle! madame était inquiète de vous! (La considérant.) Mais qu'avez-vous donc?

SUZANNE.

Ah! je suis bien malheureuse! (Montcorbel et Lejars paraissent à ce moment dans les salons du fond, causant avec animation.)

FLORA, à part.

Pauvre petite! Elle m'intéresse tout de même! (Haut.) Voyons, mamzelle, remettez-vous! Voici M. de Montcorbel avec M. Lejars!

SUZANNE, se levant vivement.

Eux! je ne veux pas les voir! Emmenez-moi! emmenez-moi bien vite!

FLORA, sortant avec elle par la gauche, à elle-même.

C'est égal, on aurait mieux fait de ne pas l'amener, cette enfant-là ! (Elle disparaît avec Suzanne. — Lejars et Montcorbel entrent alors en scène.)

SCÈNE X

LEJARS, MONTCORBEL.

MONTCORBEL, très-agité.

Je vous dis que vous êtes fou !

LEJARS, très-calme.

Non pas !

MONTCORBEL.

Si vous aimez Suzanne, si vous voulez malgré votre âge... malgré votre passé, devenir son époux, agissez comme bon vous semblera. Je vous aiderai au besoin, ne fût-ce que pour séparer Valéria de sa fille !... Mais ce que vous me demandez en ce moment ne peut être sérieux.

LEJARS.

Mon ami, j'ai conseillé à Valéria de reprendre Suzanne dont je connaissais depuis longtemps la véritable naissance !.. J'ai fait chasser son grand-père parce qu'il était un obstacle à mon amour, à mes projets... Une fois que Valéria est redevenue maîtresse de son enfant, je lui ai donné tout ce qu'elle a voulu ! De l'or ! j'en ai semé par toute la maison ! parce que je savais bien comment je me ferais rembourser ! L'heure est venue de me payer !... Forcez donc Valéria à me donner sa fille, ou bien, je vous le répète, on saura tout !

MONTCORBEL.

Mais il m'importait que Valéria ignorât toujours ce qui s'était passé entre nous !... Non ! non ! à elle, je ne puis rien dire !...

LEJARS.

Mais, grand enfant, Valéria ne peut vous mépriser à cause de cela et il est de son devoir de vous sauver d'un péril où votre amour pour elle vous a jeté !

MONTCORBEL.

Elle ne m'aime plus !

LEJARS.

Eh bien ! n'est-ce pas une vengeance que je vous offre ? (Remontant.) Tenez ! voici Valéria !... Choisissez ! faites ce que je vous demande ou je fais, moi, ce dont je vous ai menacé !

MONTCORBEL, à mi-voix.

Vous êtes un malhonnête homme!

LEJARS, s'inclinant.

Après vous, cher ami !

VALÉRIA, entrant.

Monsieur le comte, je vous cherchais.

LEJARS, bas à Montcorbel.

Cela tombe à merveille. (Haut.) Je vous laisse ! (Il sort.)

SCÈNE XI

VALÉRIA, MONTCORBEL.

MONTCORBEL, avec ironie.

Comment, vous ne craignez pas d'être seule avec moi !... Votre fille vous a permis de me parler ?

VALÉRIA.

Trêve de raillerie !... Roger, depuis que j'ai retrouvé cette enfant, vous avez dû vous apercevoir du changement qui s'était opéré en moi ?... Un moment, oubliant toute pudeur, j'ai cru avoir l'audace de faire vivre ma fille sous le même toit que mon amant ! J'espérais pouvoir être à la fois une courtisane et une mère ! Eh bien ! non ! je ne puis être que mère, grâce au ciel ! Je l'aime éperdument, voyez-vous, cette enfant... et je veux pour elle purifier tout ! Ces femmes, ces hommes qui étaient jadis mes seuls amis, je ne veux plus les voir... Je ne veux plus que ma fille se trouve avec eux... Et vous, Roger... (Changeant de ton.) Pardonnez-moi... Écoutez-moi sans colère !

MONTCORBEL, d'une voix sourde.

Mais je vous écoute !

VALÉRIA, après un moment d'hésitation.

Vous, mon ami... je ne dois pas vous revoir non plus...

(Montcorbel a une exclamation de colère.) Ne m'accablez pas! Mais cette situation pour moi n'est plus tenable!... Non! non! ma fille sous le même toit que mon amant, c'est impossible! Je l'emmènerai, je partirai avec elle, je ne sais pas ce que je ferai, mais je ne peux plus vivre ainsi! Non! je ne le peux plus !

MONTCORBEL, lui étreignant les mains.

C'est à moi que vous parlez ainsi! Sous prétexte qu'il vous prend fantaisie d'aimer aujourd'hui une fille à laquelle vous ne pensiez pas il y a un mois... vous me congédiez, moi qui vous ai tout sacrifié, même l'honneur!

VALÉRIA, répétant sans comprendre.

L'honneur!

MONTCORBEL, quittant ses mains.

Et j'hésitais à vous cacher cela ! et j'avais de la pitié pour vous !

VALÉRIA.

Mais je ne comprends pas, moi !

MONTCORBEL, d'une voix sourde.

Valéria, tu as toujours vu autour de toi le luxe et la splendeur ! et tu ne t'es jamais demandé comment je te donnais tout cela !... Je vais te l'apprendre ! Après avoir tout épuisé, à bout de ressources, un jour que tu m'avais menacé de me quitter si je ne te donnais l'opulence, car tu étais ainsi avant d'être mère !... ce jour-là, je fis un faux... je contrefis la signature de l'un de nos premiers banquiers... M. Lejars voulut bien m'escompter cette lettre de change !... Celle-là, je pus la payer avant qu'elle eût été présentée à celui dont j'avais pris le nom!... Mais la misère revint... plus affamée que jamais ! et je fis encore des faux pour lui donner sa pâture !

VALÉRIA.

Oh ! non ! ce n'est pas vrai! tu veux m'épouvanter !

MONTCORBEL, affolé.

Ces diamants qui parent tes oreilles et ton front, ces bracelets qui ornent tes bras... ton amant te les a donnés en devenant un faussaire!... Ce luxe qui t'entoure, ton amant te le donne en risquant le bagne !

VALÉRIA.

Oh ! mon Dieu! mon Dieu !

MONTCORBEL.

Voilà ce que vous m'avez fait faire, madame!... Et vous voulez me chasser! Non! nos existences sont liées l'une à l'autre!... Loin de nous séparer, restons donc unis et avisons ensemble au moyen de conjurer l'orage, que nous avons appelé sur nos têtes!   .

VALÉRIA, après un temps,

Que voulez-vous faire, monsieur? Pour vous sauver, je suis prête à tout!...

MONTCORBEL.

Vous êtes prête à tout?

VALÉRIA.

Oùi! oui!

MONTCORBEL.

Eh bien! madame, c'est M. Lejars qui a entre les mains les preuves de mon crime!... trois cent mille francs de fausses signatures! et je ne puis les racheter! Or, M. Lejars les produit publiquement... il m'envoie aux galères, si vous ne lui donnez comme épouse mademoiselle Suzanne de Rozeberg, votre fille!

VALÉRIA.

Ma fille! La lui donner, à lui!... La donner à cet homme! Oh! non! elle aime quelqu'un... Elle ne peut pas aimer ce lâche qui use de pareils moyens pour se faire livrer une jeune fille! Oh! non! non! Sacrifier mon enfant! Je ne peux pas!... Je ne veux pas!... Non!... Je ne veux pas!

MONTCORBEL.

Je vous ai bien sacrifié mon honneur!

VALÉRIA.

Votre honneur!... Si c'est la justice que vous craignez, fuyez!

MONTCORBEL.

Fuir!... Non! Je veux que votre fille devienne la femme de cet homme!

VALÉRIA.

Parce que vous la haïssez, n'est-ce pas?

MONTCORBEL.

Évitez-moi la flétrissure!... Pour vous-même, pour votre fille, pour votre père, faites tout au monde pour empêcher ce procès scandaleux, où tous les vôtres seront publiquement nommés!...

VALÉRIA, éperdue.

Oh! c'est affreux!

MONTCORBEL.

Car, pour me justifier, je vous accuserai!... Mon avocat aura même à ce sujet un thème magnifique!... « M. de Montcorbel, dira-t-il, était avec une de ces femmes... que l'on rencontre trop fréquemment... une nommée Valéria qui, bien que d'une excellente famille, fille de M. le baron de Franville, est devenue ce que l'on sait... Elle a abandonné son enfant, ruiné son père! Elle a même causé le suicide de son mari, M. de Rozeberg. » Voilà ce que l'on dira, madame, et ces paroles arriveront frapper au cœur votre fille elle-même! Vous dites que vous l'aimez! Eh bien! évitez-lui cette honte qui la tuerait!

VALÉRIA.

Mais je la tuerai en la donnant à cet homme! Ce que vous me demandez est impossible!... impossible! entendez-vous?

MONTCORBEL.

Eh bien! soit! madame! Vous m'avez perdu et vous m'abandonnez, cela devait être! Continuez à donner des fêtes, tandis que celui que vous disiez aimer aura, rivée au pied, la chaîne du forçat!...

VALÉRIA, lui jetant ses bras autour du cou, dans un transport de tendresse.

Eh bien! non! tu n'iras pas au bagne! je te le promets, Roger, je te le jure!...

MONTCORBEL.

Alors, vous ferez ce que je vous demande?

VALÉRIA, presque folle.

Oui! oui!... (Montcorbel, sans parler, lui serre les mains et s'éloigne.)

SCÈNE XII

VALÉRIA, seule.

(Elle demeure quelques instants assise sur la causeuse, immobile, silencieuse. On devine à sa physionomie qu'un grand combat se livre en elle-même; puis, tout d'un coup, elle se lève et s'écrie :)

Oh! mais c'est infâme, ce que je vais faire!... Sacrifier Suzanne!... Comment? je vais la sacrifier! Est-ce que je de-

viens folle?... Quoi! je l'ai reprise à son grand-père pour...
Ah! non! je ne veux pas!... (Changeant de ton.) Mais lui!...
lui!... je ne puis pas être cause de son crime et l'abandonner!
Est-ce que c'est possible, cela?... (Prenant sa tête dans ses mains.)
Oh! mon Dieu! mon Dieu!... ne pouvoir sauver l'un qu'en
perdant l'autre!... (Elle retombe anéantie sur la causeuse. Suzanne
paraît alors, cherchant quelqu'un des yeux. Elle aperçoit sa mère et vient
doucement vers elle.)

SCÈNE XIII

VALÉRIA, SUZANNE.

SUZANNE, près de sa mère.

Mère...

VALÉRIA, avec une sorte de terreur.

Toi! toi!...

SUZANNE.

Je te cherchais et j'étais inquiète!... Qu'as-tu donc?

VALÉRIA, après un grand silence, à elle-même.

Allons!... (Prenant les mains de Suzanne, debout devant elle.) Suzanne... ma Suzanne, est-ce que tu m'aimes bien?

SUZANNE.

Oh! de toutes mes forces!

VALÉRIA, d'une voix saccadée.

Eh bien! il faut avoir du courage, car je vais exiger beaucoup de ta tendresse!

SUZANNE.

Comme tu es oppressée! (Se regardant dans la glace.) Tu es
plus pâle que moi!

VALÉRIA, très-émue.

Tu aimes Didier, n'est-ce pas?

SUZANNE.

Mon grand-père nous avait fiancés!

VALÉRIA, après un temps et sans oser regarder sa fille.

Eh bien! il faut renoncer à lui... il faut tâcher d'étouffer
dans ton cœur l'amour que tu as pour lui!

SUZANNE, naïvement.

Je ne pourrai pas !

VALÉRIA, après de grandes hésitations.

Ma fille, il y a un homme qui t'aime... un homme qui peut nous sauver tous d'un grand malheur qui nous menace !

SUZANNE.

Qui donc ?

VALÉRIA.

M. Lejars...

SUZANNE, avec horreur.

Lui !...

VALÉRIA

Il ne nous sauvera qu'à la condition que tu deviendras sa femme !...

SUZANNE.

Nous sauver... de quoi ?

VALÉRIA.

Je te l'ai dit, d'un grand malheur qui déshonorerait à jamais le nom de ton grand-père... Et il est si fier de son nom !... Pense donc un peu... si dans un tribunal... on allait dire ?

SUZANNE.

Quoi, mon Dieu ?

VALÉRIA, vivement.

Rien ! rien ! (A part.) Je ne sais plus ce que je dis, moi ! (Haut, reprenant.) Enfin, il y va de l'honneur de ta mère, de celui de ton grand-père. Je ne puis t'en dire davantage, Suzanne... Veux-tu nous sauver en devenant l'épouse de M. Lejars !

SUZANNE.

Renoncer à Didier, appartenir à cet homme !... je vous en supplie, ne me demandez pas cela, c'est impossible ! j'aime mieux mourir !

VALÉRIA, la saisissant dans ses bras et la couvrant de baisers.

Mourir ! toi ! (A part.) Et lui ! lui ! (Avec désespoir considérant Suzanne.) Mais je ne veux pas la tuer !

SUZANNE.

Ayez pitié de moi ! je souffre déjà bien assez !

VALÉRIA, à elle-même.

Un procès!... un procès! cette honte publique... cet opprobre
jeté sur mon père... son mépris à elle quand elle saura que sa
mère était la maîtresse d'un faussaire!... (Courant à Suzanne.)
Ah! je t'en supplie, aie du courage! renonce à Didier!

SUZANNE.

Non! non!... cet homme me fait peur!

VALÉRIA.

Par pitié pour les tiens, ma fille, résigne-toi... deviens son
épouse... Veux-tu que je me traîne à tes pieds?... M'y voici!
(Elle tombe à genoux.) Sauve-nous, Suzanne, sauve-nous! (Moment de silence. — Suzanne considère sa mère. — Valéria alors à voix
basse.) Si, malgré mes prières, elle pouvait ne pas consentir!
(Haut.) Eh bien, que réponds-tu?

SUZANNE, d'une voix sombre.

Eh! bien, je ferai ce que vous voulez! J'épouserai celui
que vous me désignez...

VALÉRIA, épouvantée.

Comme tu dis cela! (Elle se relève.)

SUZANNE.

Il faut se résigner, je me résigne... je me sacrifie... puisque ce sacrifice peut vous épargner la honte... Il y va de
l'honneur de mon grand père... (Se levant.) Je renonce à Didier! j'y renoncerai!.. (Elle chancelle.)

VALÉRIA, la soutenant.

Ah! tu chancelles!

SUZANNE, se roidissant.

Mais non!... mais non!...

VALÉRIA.

Tes yeux sont pleins de larmes!

SUZANNE, s'essuyant les yeux.

Eh bien! quelques larmes de plus ou de moins qu'est-ce
que cela fait? (Les salons du fond se remplissent de monde. Les portes
se rouvrent, Suzanne continue.) Allons, ma mère... voici les invités... voici mon futur époux... menez-moi vers lui, menez-
moi vers lui!

SCÈNE XIV

LES MÊMES, MONTCORBEL, LEJARS, CHARANÇON, MADAME DE CORNEVAL, COTIGNAC, TRUFFARD, SOSTHÈNE, INVITÉS, puis SOURISSET.

(Lejars et Montcorbel viennent vers les deux femmes.)

SUZANNE, à Lejars.

Monsieur, ma mère vient de me faire connaître vos intentions !... J'obéirai !...

LEJARS, tressaillant de joie, à part.

Enfin !... (Bas à Montcorbel.) En signant le contrat, cher ami, je vous remettrai les lettres de change.

SOSTHÈNE, paraissant.

Le souper est servi !

TRUFFARD, à part.

Ce n'est pas malheureux !...

CHARANÇON, à Valéria.

Je n'ai jamais vu une maison, madame, où l'on vous reçoive si bien !

SUZANNE.

Viens-tu, mère ?

VALÉRIA, à qui Montcorbel offre son bras, à voix basse.

Monsieur, vous me faites faire une infamie !

(Tableau général, la toile tombe.)

ACTE CINQUIÈME

Une salle d'allure sévère. — Grande porte au fond. A droite, cheminée. — Portes latérales. — Au milieu, grande table à droite. Pouffs, canapés, fauteuils.

SCÈNE PREMIÈRE

SOURISSET, seul. Il allume des flambeaux placés sur la table.

Et dire que, pendant qu'au premier étage, on allume des lustres et des candélabres pour une fête, sous les toits on allume des cierges pour veiller un mort!... Pauvre père Leclercq!... Cette fois, c'est bien fini!... (Il reste un moment pensif.) Que faire?... Ah! si je savais où est M. Feuillantin, je lui conterais la chose... Mais il a disparu!... (Sosthène reparaît précédant Charançon en habit de cérémonie.)

SCÈNE II

SOURISSET, CHARANÇON, SOSTHÈNE.

CHARANÇON.

Je suis en avance?

SOSTHÈNE.

Oui. On ne signe le contrat qu'à neuf heures du soir.

CHARANÇON.

C'est que je vais vous dire... J'avais rendez-vous ce matin avec les zingueurs... Croyez-vous qu'il faut que je fasse rezinguer toute une partie de la toiture?...

6

SOSTHÈNE, à part.

Ça m'est bien égal!

CHARANÇON.

Et puis je voulais flanquer un savon à mon nouveau concierge.

SOURISSET.

A M. Poissonnier?

CHARANÇON.

Il est insolent, grossier... et il boit de l'eau-de-vie!... Je ne peux pas sentir les gens qui boivent de l'eau-de-vie!...

SOSTHÈNE, haussant les épaules.

Pour causer comme ça avec des domestiques, faut-il que ce bonhomme-là soit peu de chose! (Il sort.)

SCÈNE III

SOURISSET, CHARANÇON.

CHARANÇON.

Ah! je regrette M. Feuillantin!...

SOURISSET, avec élan.

Tu le regrettes!

CHARANÇON.

Comment?... *Tu* le regrettes.

SOURISSET.

Non! pardon!... Vous le regrettez... Eh bien! monsieur Charançon! vous avez mon estime! voici ma main!

CHARANÇON, à part.

Sa main!... sa main!... Enfin!... (Il lui serre la main.) Ce M. Lejars, quand je pense que c'est lui qui m'a fait renvoyer ce brave homme. Jamais je ne lui pardonnerai ça!

SOURISSET, vivement.

Puisque vous êtes dans de si bonnes dispositions... eh bien! je vais vous dire tout ce que j'ai sur le cœur!

CHARANÇON.

Vous êtes trop bon!...

SOURISSET, vivement.

Chut! (Il va à bas bruit fermer la porte et regarder si personne ne l'entend.)

CHARANÇON, sans comprendre.

Chut?

SOURISSET, revenant vers lui, d'un ton mystérieux.

Il est mort!

CHARANÇON.

Qui ça?

SOURISSET.

Le père Leclerq, le locataire du cinquième.

CHARANÇON.

Je le sais! Il ne doit même pas en être fâché, le pauvre homme! Quand on souffre comme ça, c'est un bonheur de s'en aller!...

SOURISSET, de plus en plus mystérieux.

Je suis monté dans sa mansarde de la part de mamzelle Suzanne...

CHARANÇON.

J'y serais bien monté aussi; mais je suis tellement impressionnable... Mais pourquoi tout ce mystère?...

SOURISSET, se rapprochant.

Il savait que mamzelle Suzanne épousait M. Lejars, et, comme il devinait bien qu'on la forçait, le père Leclercq me dit : « Tu as l'air d'un brave garçon, tu dois aimer M. Feuillantin et sa petite fille... Eh bien! je vais te donner le moyen d'empêcher ce mariage!... »

CHARANÇON.

C'est le père Leclercq qui t'a dit ça... (Il reprend.) Pardon, qui vous a...

SOURISSET, avec aménité.

Vous pouvez me tutoyer! (Reprenant.) Par là-dessus, il se met à me raconter un tas de choses auxquelles je ne comprenais goutte... qu'il connaissait M. Lejars... qu'autrefois, quand il était marié, il habitait sous les toits aussi, sur le même palier!...

CHARANÇON.

Oui, en effet, Lejars a habité très-longtemps au cinquième et il a pris un logement au troisième après la mort de sa femme... (Changeant de ton.) Mais je ne vois pas...

SOURISSET.

Attendez donc! (Reprenant.) Puis, enfin, le père Leclerq me dit : « Ah! si l'on savait comment il est devenu veuf... Je le sais, moi! Lorsque sa femme est morte, il y a quatre ans, il était absent... Elle appela à l'aide! J'étais debout... en train de travailler. J'enfonçai la porte de madame Lejars... Elle trépassa entre mes bras!... Mais, patatras! elle se met à râler... Je la questionne... pas de réponse! Seulement elle se soulève... elle étend son bras maigre vers une petite armoire, placée à la tête de son lit. Elle l'ouvre... Elle en tire un vieux papier... une lettre, elle la remet entre mes mains....elle retombe sur sa couche... elle pousse un soupir!... Et bonsoir, plus personne ! »

CHARANÇON.

Et cette lettre ?

SOURISSET.

Chut !... (Il va de nouveau regarder aux portes.)

CHARANÇON, même jeu.

Chut !...

SOURISSET, revenant et tirant une lettre jaunie de sa livrée.

Cette lettre, je l'ai épelée... Ce qu'elle narrait, M. Charançon, ça m'a donné la chair de poule.

CHARANÇON.

La chair de poule !

SOURISSET.

Et comme jamais de ma vie je n'oserais en faire usage tout seul... tenez, je vous la donne, monsieur Charançon... Vous regrettez M. Feuillantin, vous vous intéressez à mamzelle Suzanne... Eh bien ! lisez et agissez !...

CHARANÇON, prenant la lettre.

Mais oui ! je vais lire, mais oui ! j'agirai ! Si cela dit quoi que ce soit sur Lejars, je n'hésiterai pas à le confondre. (Il s'approche de la table où sont les flambeaux, ouvre la lettre et la parcourt.) C'est une lettre de sa femme... Elle l'a écrite la nuit où elle est décédée. . (Il lit et pousse un cri.) Ah!... grand Dieu ! Soutiens-moi, Sourisset !...

SOURISSET, le soutenant.

Qu'en dites-vous ?

CHARANÇON.

Je dis que... c'est monstrueux... Et cette pauvre enfant épouserait ce... cet... (Se redressant.) Ah ! mais ça ne se passera pas comme ça ! et c'est à lui même que... (A ce moment, Sosthène paraît avec Lejars, en habit noir.)

SCÈNE IV

LES MÊMES, SOSTHÈNE, LEJARS.

SOSTHÈNE.

Je vais prévenir ces dames de l'arrivée de monsieur !...

CHARANÇON, très-vexé.

Aïe ! Lejars !

SOURISSET, même jeu.

C'est lui !... (Lejars, les examinant tous deux, descend lentement la scène.)

SCÈNE V

LEJARS, CHARANÇON, SOURISSET.

LEJARS.

Qu'avez-vous donc, mon cher monsieur Charançon.. Vous semblez agité !

CHARANÇON, vivement.

Moi ! agité ! (A Sourisset.) Voyons, Sourisset, est-ce que je suis agité ?

SOURISSET, balbutiant.

Pas plus que moi !

LEJARS, les examinant.

C'est là tout ce que vous trouvez à me dire ?

SOURISSET, bas à Charançon tremblant.

Montrez-lui donc la lettre de sa femme !

CHARANÇON, même jeu.

Si tu la lui montrais, toi...

SOURISSET.

Je n'oserais pas !

CHARANÇON.

Ni moi non plus !

LEJARS, qui s'est jeté nonchalamment sur un canapé à gauche.

Quelles mines effarées vous avez tous les deux ! Voyons, qu'est-il arrivé en cette maison ?

CHARANÇON, d'un ton menaçant.

Ce qui est arrivé ?...

SOURISSET, se croisant les bras.

Nous allons vous le dire, monsieur Lejars.

6.

LEJARS, se levant.

Eh bien ! parlez donc ?

CHARANÇON, changeant de ton et souriant.

Mais il n'est rien arrivé du tout !

SOURISSET, même jeu.

Rien du tout, du tout...

CHARANÇON.

C'est seulement le père Leclercq...

SOURISSET.

Le père Leclercq qu'est mort.

CHARANÇON, de plus en plus gracieux.

Et c'était un brave homme...

SOURISSET.

Ah ! mon Dieu ! quel brave homme...

CHARANÇON.

Qui avait soigné votre dame...

SOURISSET.

La nuit où elle trépassa !

LEJARS, étouffant un cri.

Qui ? lui ? (Changeant de ton.) J'ignorais cela.. Je lui sais gré
des soins qu'il put donner à une femme que je chérissais...

CHARANÇON, avec horreur.

Vous la chérissiez ?

LEJARS.

Oui !... et quelqu'un oserait-il prétendre le contraire ? (Il
les toise tous deux.)

SOURISSET et CHARANÇON, ensemble.

Oh ! personne, personne !

LEJARS, après les avoir considérés.

Encore une fois, que signifie ce trouble et pourquoi...
pourquoi me regardez-vous donc ainsi ?

CHARANÇON et SOURISSET, ensemble.

Pour rien, monsieur Lejars... pour rien du tout ! (Ils s'éloignent et disparaissent vivement.)

SCÈNE VI

LEJARS, seul.

LEJARS, il fait un mouvement comme pour suivre Charançon et Sourisset,
puis se ravisant.

Eh ! qu'ai-je à craindre de ces deux niais... Le passé ne
peut revivre, et, au milieu de mon bonheur, Rien ne doit
venir m'inquiéter ! (Sur les derniers mots, Montcorbel a paru.)

SCÈNE VII

MONTCORBEL, LEJARS.

MONTCORBEL.

Monsieur Lejars, il faut que je vous parle!...

LEJARS.

Quelle communication, mon cher comte, avez-vous à me faire ?

MONTCORBEL, debout en face de lui.

Monsieur Lejars, depuis de longs jours je vois Valéria sombre, atterrée, succombant à l'infamie que nous la forçons à commettre... et je viens vous dire : « Renoncez à vos projets, car ce mariage est impossible ! »

LEJARS, railleur.

Impossible! dites-vous? de votre part, mon ami, semblables paroles me surprennent... Mais, croyez-moi, ne regrettez pas de me donner Suzanne... Songez que, dans quelques instants, lorsque le contrat sera signé, je vous remettrai ces faux qui peuvent vous faire troquer votre frac de gentleman contre la casaque de galérien...

MONTCORBEL, avec chaleur.

J'aime Valéria, je l'aime de toutes les forces de mon âme et je ne puis lui faire commettre un crime!...

LEJARS, très-froidement.

J'aime Suzanne, je l'aime de toutes les forces de mon âme et je ne puis l'abandonner à un autre!... Voyez donc comme ce mariage nous satisfait tous deux! Suzanne vous gênait, je l'emporte loin, bien loin... Valéria reste seule... seule avec vous, et, pour oublier sa fille absente, elle vous aime plus que jamais !

MONTCORBEL.

Non ! quand Valéria se trouvera seule avec moi, seule avec cet homme qui aura livré son enfant, croyez-vous qu'elle pourra subir ma tendresse ! Chacun de mes baisers sera pour elle un supplice ! J'aurai tué sa fille, elle me haïra ! Ah ! je vous en supplie à mon tour, ne nous condamnez pas à semblable lâcheté !

LEJARS.

Votre crime m'a donné Suzanne et je la garde !

MONTCORBEL, s'animant.

C'est votre dernier mot?

LEJARS.

Mon dernier mot !

MONTCORBEL.

Eh bien! votre proie vous échappera! .

LEJARS.

Comment?

MONTCORBEL.

Je me tuerai, et alors Valéria n'aura plus besoin de vous donner sa fille pour me sauver du bagne!

LEJARS, haussant les épaules.

Vous tuer? Vous?...

MONTCORBEL.

Vous me croyez trop lâche pour cela, n'est-ce pas? Vous vous trompez! (Avec fièvre.) Ah! c'est que j'ai réfléchi, voyez-vous!... c'est que j'ai vu mon infamie sous son véritable jour!... Vous êtes impitoyable? Eh bien! je vous brave... La mort est mon seul moyen de salut, et je me donne à la mort!...

LEJARS, froidement.

Pauvre niais!... C'est très-beau ce que vous voulez faire; mais si vous saviez le piètre résultat que doit avoir une aussi belle action!... Tuez-vous donc; Valéria vous en sera fort reconnaissante... Elle vous pleurera pendant deux mois!... la mort s'oublie vite... Ainsi, moi, j'adorais ma première femme. Elle est morte... et aujourd'hui je n'y pense plus.

MONTCORBEL, très-surexcité.

Non! non! Valéria ne m'oubliera pas! J'aurai sauvé sa fille...

LEJARS, ricanant; se levant.

Eh! eh! elle est jeune encore, Valéria!... elle est fort belle!... Vous disparu, combien d'adorateurs évincés ne reviendront-ils pas? Elle est femme... elle est coquette! Elle acceptera d'abord les hommages, et un beau jour, si quelqu'un d'aimable, de charmant, lui parle d'amour...

MONTCORBEL, qui semble combattre des pensées qui viennent l'assaillir.

Non! non!... Pour Suzanne, elle changera sa vie!

LEJARS.

Suzanne épousera Didier; Valéria se retrouvera seule!... seule comme autrefois, comprenez-vous?...

MONTCORBEL, fuyant devant lui.

Ah! taisez-vous!...

LEJARS.

Et comme elle aime le luxe... comme elle aime le plaisir... Mais tuez-vous donc, pour que cette maîtresse, que vous avez adorez, prenne au bout de trois mois un nouvel amant!...

MONTCORBEL, avec désespoir.

Ah ! démon, démon !

LEJARS.

Croyez-moi, laissez aller les choses... c'est peut-être le seul
moyen de conserver Valéria...

MONTCORBEL, à lui-même.

Me tuer pour qu'un autre la possède ! J'aime mieux vivre,
dussé-je être maudit par elle !...

LEJARS, de son côté.

Malgré tout, Suzanne m'appartiendra !...

SCÈNE VIII

LES MÊMES, SOSTHÈNE, puis COTIGNAC, TRUFFARD,
puis DEUX AUTRES INVITÉS.

SOSTHÈNE, paraissant à la porte de gauche, et annonçant.

Monsieur Cotignac... Monsieur Truffard... (Cotignac et Truffard entrent en scène et viennent à Lejars.)

COTIGNAC.

Cher monsieur, compliments sincères... (On se serre la main.)

TRUFFARD, bas à Montcorbel.

Pour quelle heure l'enterrement... (Se reprenant.) Non, pardon... la signature du contrat... Montcorbel?

SOSTHÈNE, annonçant de nouveau.

Monsieur de Lustienne... Monsieur de Brignno... (Entrent
les nouveaux invités. Lejars va au-devant d'eux.)

COTIGNAC, bas à Truffard.

Sont-ce là tous les invités ?

TRUFFARD.

Oui !... on va célébrer ce mariage sans bruit... sans
pompe !.. C'est un mariage de troisième classe !

COTIGNAC, à Montcorbel, qui a les yeux fixés sur la pendule.

Ne dirait-on pas, mon cher, que cette maison est en deuil?

MONTCORBEL, avec un mouvement.

Oui ! en effet, vous avez raison !...

COTIGNAC, remontant et regardant par la porte du fond que l'on vient
d'ouvrir.

Voici la jolie fiancée !

TRUFFARD, regardant de son côté.

La pauvre femme ! Est-elle changée !... On dirait un spectre
qui marche !

MONTCORBEL, se cachant la tête dans ses mains.

Ah ! c'est horrible !

LEJARS, qui, après avoir causé avec les autres invités, au fond, est
redescendu auprès de Montcorbel, bas.

Du calme donc ! et ne faites pas deviner à ces indifférents
ce qui se passe en cette maison !

SCÈNE IX

LES MÊMES, VALÉRIA, SUZANNE. Elles entrent par la grande
porte du fond. Valéria est vêtue de couleurs sombres. Suzanne s'appuie
sur elle. Saluts réciproques.

LEJARS, allant vers elles. A Valéria, d'un ton patelin.

Vous semblez souffrante, madame !

VALÉRIA, vivement.

Non ! non ! un léger malaise, mais ce n'est rien ! (On entend sonner neuf heures. Sosthène reparaît à la porte de gauche.)

SOSTHÈNE, annonçant.

Maître Clément... (Paraît le notaire escorté de son premier clerc.
Nouveaux saluts. — Valéria est assise à droite sur un canapé, Suzanne est
debout auprès d'elle, les yeux fixés sur Montcorbel qui semble éviter ses regards. — Le notaire s'installe à la grande table, de face au public. Il range
ses papiers.)

LEJARS.

Maître Clément, veuillez donner lecture du contrat. (Montcorbel vient se placer derrière le canapé où se trouve Valéria.)

SUZANNE, étouffant un cri.

Mon Dieu !

LE NOTAIRE, lisant.

« Par-devant nous, maître Jean-Baptiste Clément, et son
collègue, notaires à Paris, etc., etc., a été dressé le présent
contrat... D'une part, M. Jacques-Simon Lejars... etc., etc.
D'autre part, mademoiselle Suzanne de Rozeberg, âgée de
seize ans... M. Lejars reconnaît à mademoiselle de Rozeberg,
qu'il prend pour épouse, une somme s'élevant en titres im-
mobiliers à 300,000 francs... une propriété, sise en Poitou,
présentant la valeur de 220,000 francs, etc., etc.... Fait en
double à Paris, ce 22 juin 1870, en présence des parents et
témoins... etc...

LEJARS, tendant la plume à Suzanne.

Veuillez signer ! (Suzanne se lève, prend la plume et va signer, puis
elle se retourne vers sa mère.)

VALÉRIA, d'une voix altérée, à Suzanne.

Du courage, Suzanne, du courage !...

SUZANNE, prenant la plume. — A part.

Perdue! Et personne ne peut me sauver!...

SOSTHÈNE, reparaissant et annonçant de nouveau.

Monsieur le baron de Franville! (Paraît Feuillantin; mais il a
quitté son costume misérable. — Il porte l'habit, le jabot, etc., etc. —
Mouvement général à sa vue.)

SCÈNE X

LES MÊMES, LE BARON, PIERRE DIDIER.

LE BARON.

J'arrive à temps! (Il s'arrête haletant.)

VALÉRIA.

Lui!

SUZANNE, s'élançant vers le baron.

Toi! grand-père! C'est toi! c'est toi!

LE BARON, la couvrant de baisers.

Oui, c'est moi! mon enfant... c'est moi, ma Suzanne adorée! Je reviens! je reviens pour te sauver!

VALÉRIA, d'une voix étouffée.

Vous! mon père!

LE BARON.

Je suis l'aïeul, et l'aïeul a bien le droit, ce me semble,
d'empêcher une union qui serait le malheur de sa fille! (Il presse
Suzanne contre son cœur.)

LEJARS.

Monsieur, oubliez-vous que la loi ne reconnaît en ceci, aucun droit à l'aïeul?

LE BARON.

La loi m'a déjà repris cette enfant!... Elle ne peut pas me
forcer à la laisser sacrifier! Je sais bien pourquoi on vous la
donne, à vous!... Je sais bien pourquoi Valéria vous la fait
épouser...C'est parce que vous êtes riche et que votre fortune peut lui permettre, à elle, de continuer cette vie de
luxe qui est la sienne!

VALÉRIA.

Que dites-vous! jamais pareille pensée...

LE BARON.

C'est la seule qui puisse vous guider! Vous n'aviez plus
que votre fille à sacrifier, c'est ce que vous avez fait! A quel
prix M. Lejars a-t-il obtenu votre consentement, madame?
Je donne le double, le triple... tout ce que vous voudrez,
mais rendez-moi mon enfant!

LEJARS, à Valéria.

Hélas ! ne voyez-vous pas, madame, que ce malheureux est fou !...

VALÉRIA, étouffant un cri.

Ah !

LE BARON.

Fou ! qui ? moi !...

SUZANNE.

Je tremble !

LE BARON.

Monsieur le notaire... tenez, examinez ces papiers... (Il arrache des papiers de son habit et les présente au notaire qui les examine.) Depuis deux ans, on me cherchait pour remettre entre mes mains... cet héritage !... Lisez ! lisez donc ! Madame de Sainte-Croix, ma parente, qui avait rompu avec moi, (à Valéria.) à cause de vous, madame de Sainte-Croix, à son lit de mort, s'est souvenue de sa petite nièce abandonnée, que j'élevais... et pour Suzanne (Se tournant vers Valéria.), oui, madame, *pour votre fille*, elle m'a institué son légataire universel !... (Au notaire.) Est-ce vrai, monsieur ?... Monsieur !... dites-leur donc que les preuves sont là et que je ne suis pas fou !

LE NOTAIRE, se levant.

Ce que vient de dire M. le baron de Franville est la vérité !

LE BARON, à Valéria.

Eh bien ! puisqu'il vous faut de l'or quand même, prenez tout ce que j'ai, mais rendez-moi Suzanne !

VALÉRIA, éperdue.

Monsieur, par tout ce que j'ai de plus sacré au monde, je vous jure que je n'ai jamais songé à donner Suzanne à M. Lejars parce qu'il était riche... Selon vous, je vendrais ma fille ! Imposez-moi la misère et la faim, mais ne venez pas me dire que j'ai voulu la vendre !

SUZANNE, à Feuillantin.

Oui, grand-père ! tu accuses ma mère injustement !

LE BARON.

Tu consens donc à ce mariage ?

SUZANNE.

Je dois y consentir !

DIDIER, s'élançant en scène et venant à Suzanne.

Ah ! Suzanne, c'est impossible...

SUZANNE.

Je dois être sa femme

LE BARON, avec stupeur.

Toi! c'est toi qui parles ainsi !... Je ne comprends pas !...
Ma tête se perd ! Est-ce qu'ils auraient dit vrai tout à l'heure...
est-ce que je suis fou, mon Dieu !... est-ce que je suis fou?
(Il tombe anéanti sur un siége.)

COTIGNAC, à mi-voix aux autres invités.

Éloignons-nous, messieurs ?...

TRUFFARD.

Oui ! oui ! partons. (Ils s'éloignent sans bruit.)

LE NOTAIRE, venant à Valéria et à Lejars.

Nous nous retirons... (Il salue et sort à son tour avec son clerc.)

SCÈNE XI

LES MÊMES, moins COTIGNAC, TRUFFARD, LE NOTAIRE,
SON-CLERC et les INVITÉS.

LE BARON, se redressant tout d'un coup et allant à Valéria.

Dites-moi la véritable raison qui vous fait la livrer à cet
homme ?

VALÉRIA.

Je ne puis rien dire !

LE BARON, menaçant.

Je vous ordonne de parler! Pourquoi sacrifiez-vous votre
enfant ?

VALÉRIA, tombant à genoux.

Grâce! Pitié !

LE BARON, terrible.

Tu ne veux pas parler?

MONTCORBEL, s'avançant.

Je parlerai, moi!

VALÉRIA, se relevant effarée.

Vous !...

MONTCORBEL.

Je ne puis, pour mon salut, souiller à-jamais cette femme
et perdre cette jeune fille !... Monsieur le baron... (Montrant
Lejars.) cet homme a sur lui des preuves terribles qui peuvent m'envoyer au bagne!... (Mouvement.) Il nous a menacés
de les produire, ces preuves, si Suzanne ne devenait pas son
épouse!... Alors pour m'empêcher d'aller aux galères...

VALÉRIA, courant vers lui et lui jetant ses mains sur la bouche.

Tais-toi! ah! tais-toi!

LEJARS, montrant Montcorbel.

Empêchez-le donc de parler!

LE BARON, arrachant Valéria des bras de Montcorbel.

Je veux qu'il parle, moi !

MONTCORBEL.

Eh bien ! pour me sauver, Valéria a consenti à donner sa fille à cet homme ! Elle a dit à Suzanne qu'il y allait de votre honneur, et Suzanne a consenti à son tour ! Reprenez-la, monsieur le baron... (Montrant Valéria.) et pardonnez-lui à elle: elle m'aimait... pardonnez-lui, car, après avoir immolé sa fille, elle serait morte de désespoir ! (Grand silence. Le baron considère Montcorbel, froid et calme; Valéria, qui pleure à quelques pas de lui. Puis, d'un pas lent, il va à Lejars qui roule des yeux furibonds.)

LE BARON, à Lejars, à voix basse.

Vous êtes un lâche !

LEJARS.

Monsieur !

LE BARON.

Vous êtes un lâche ! Où sont les faux ?

LEJARS, boutonnant son habit.

Ils sont là et ils n'en sortiront que pour aller au parquet ! Ah ! vous me ravissez Suzanne... Montcorbel, vous payerez cher votre grandeur d'âme, et, dans ce procès scandaleux, je vous confondrai tous ! et l'on verra le nom vénérable des Franville accolé à celui d'un faussaire !...

LE BARON, avec effroi.

Ah ! Dieu puissant ! cette nouvelle flétrissure... cette nouvelle honte...

MONTCORBEL.

Je vous l'épargnerai en me donnant la mort !... Adieu, Valéria, adieu! (Il s'élance vers le fond. La porte s'ouvre en ce moment : paraissent Charançon et Sourisset.)

SCÈNE XII

Les Mêmes, CHARANÇON, SOURISSET.

CHARANÇON.

Attendez un peu !...

SOURISSET.

Et avant de faire des procès, que M. Lejars nous écoute un moment !

CHARANÇON, venant à Lejars.

Mon bon monsieur Lejars, nous avons toujours été très-liés ensemble, à preuve que vous m'avez toujours fait faire ce que

vous avez voulu, même de mauvaises actions... Eh bien ! je
vais vous donner un conseil... ne faites pas le méchant... ne
taquinez personne ici... sinon...

LEJARS.

Sinon...

CHARANÇON.

M. Sourisset et moi nous révélons à la justice comment, il
y a quatre ans, votre femme est morte ! (Mouvement de M. Lejars.)

SOURISSET.

Nous révélons à la justice que vous avez empoisonné madame Lejars, qui vous gênait, vieux libertin !

LEJARS, au comble de la rage.

Assez ! taisez-vous ! vous mentez et l'on ne pourrait vous
croire !

CHARANÇON, tirant de sa poche la lettre jaunie.

Et cette lettre signée de madame Lejars... cette lettre qui
dit pourquoi vous l'avez tuée !...

LEJARS.

Infamie ! (Il veut lui arracher la lettre.)

CHARANÇON, la remettant dans sa poche.

Pardon ! elle est à nous deux Sourisset, et nous la gardons.

LE BARON, à Valéria.

Et vous alliez donner Suzanne à cet assassin ! (Valéria baisse
le front. — Suzanne se rapproche d'elle. Le baron s'adresse à Lejars, et,
lui montrant Montcorbel.) Envoyez cet homme au bagne, et nous
vous envoyons à l'échafaud !

LEJARS, épouvanté.

L'échafaud ! (Moment de silence. Il considère tour à tour tous les
personnages, puis il ouvre son habit, en tire quelques papiers et, les approchant de la flamme d'un flambeau, à Montcorbel.) Ce sont vos faux,
monsieur...

MONTCORBEL.

Que faites-vous ?

LEJARS.

Je les anéantis ! (La flamme dévore les faux. Lejars les jette à
terre, pose le pied dessus.) Et maintenant adieu !... adieu !..
(Il sort vivement.)

SCÈNE XIII

LES MÊMES, moins LEJARS.

LE BARON, à Montcorbel.

Vous êtes sauvé, monsieur le comte!...

VALÉRIA.

Ah! mon père, me permettrez-vous de vivre près de Suzanne?...

LE BARON.

Rendez-vous digne de votre fille par le repentir, et vous, monsieur, demandez au travail votre réhabilitation! (Suzanne court se jeter dans les bras de sa mère.)

CHARANÇON, très-ému.

Ah! monsieur Feuillantin, si vous voulez revenir...

LE BARON, souriant.

Votre portier?

CHARANÇON.

Ah! non! monsieur le baron, mais habiter cette maison comme locataire!

LE BARON.

Mieux encore : propriétaire! combien estimez-vous cette maison?

CHARANÇON, naïvement.

Le plus possible!

LE BARON.

Je vous l'achète!

SOURISSET.

Ah! monsieur le baron! Si vous vouliez de moi pour concierge?

LE BARON.

Je le veux bien! C'est donc ici que se feront les noces de Suzanne et de Didier... C'est ici que je veux, auprès d'eux, finir cette existence pleine de larmes! N'est-ce pas en cette maison que doit mourir le vieux portier du numéro quinze?

FIN.

CLICHY.—Impr. P. Dupont et Cie, rue du Bac d'Asnières, 12 (6919,9/2.)